Hermann Multhaupt

Johannes Paul I.
Das Herz ist das Ohr der Seele
Anekdoten, Episoden & Erinnerungen

Hermann Multhaupt (Hg.)

Papst Johannes Paul I.

Das Herz ist das Ohr der Seele

Erinnerungen
Anekdoten
Episoden

benno

Bibliografische Information der Deutschen Nationalbibliothek
Die Deutsche Nationalbibliothek verzeichnet diese Publikation in der Deutschen Nationalbibliografie; detaillierte bibliografische Daten sind im Internet über http://dnb.d-nb.de abrufbar.

Besuchen Sie uns im Internet:
www.st-benno.de

Gern informieren wir Sie unverbindlich und aktuell auch in unserem Newsletter zum Verlagsprogramm, zu Neuerscheinungen und Aktionen. Einfach anmelden unter www.st-benno.de

ISBN 978-3-7462- 5224-7

Umschlaggestaltung: Marion Freytag, Gutach
Umschlagabbildung: © Vatican Media
Gesamtherstellung: Kontext, Lemsel (A)

Inhalt

Das Lächeln Gottes

Ich erinnere mich noch an den Tag, an dem ein plötzlicher Schreckensruf durch die katholische Bevölkerung ging: Der Papst ist tot! Kaum hatte man sich mit dem Gesicht Johannes Pauls I. vertraut gemacht, musste man es schon wieder vergessen? Albino Luciani, so sein bürgerlicher Name, war in einem eintägigen Konklave und im vierten Wahlgang als Nachfolger Papst Pauls VI. gewählt worden.
Man hatte sich gerade an ihn gewöhnt. Noch hatte er keine eigenen Akzente setzen können, doch womit er die Herzen bereits erobert hatte, war sein Lächeln. Es kam von Herzen. Dieser Mann liebte die Menschen, das war innerhalb dieser 33 Tage im Spätsommer 1978 klar geworden. „Il sorriso di Dio" nannte man ihn auch, das Lächeln Gottes.
Albino Luciani besaß eine weitere Begabung: die des Schreibens, des Formulierens. Im Laufe seines Lebens entwickelte er sich zu einem gern gelesenen Autor, der nicht nur Theologisches von sich gab, sondern über Gott und die Welt fabulierte. Immer wieder hat er für Heiterkeit gesorgt. Davon sprechen auch die Anekdoten, die in diesem Buch veröffentlicht sind und die uns den Humor dieses Mannes vor Augen führen.

Seinen Namen wählte Albino Luciani nach seinen Vorgängern Johannes XXIII. und Paul VI., der ihm besonders gewogen war. Beide führte er zusammen und war damit der erste Papst mit einem Doppelnamen. Die Wahl durch das Konklave hat ihn wohl eher überrascht statt erfreut. „Da seht ihr, was ihr angerichtet habt", soll er gesagt haben. Eine prunkvolle Krönung zum Oberhaupt der katholischen Kirche widerstrebte ihm. Er verzichtete auch auf die Tiara, die auch Paul VI. abgelehnt hatte, und beließ es bei einer schlichten Messe zum Amtsantritt. Da er auch mit vielen anderen kleinen Traditionen Schluss machte, hob er die Distanz des hohen Amtes zugunsten der Nähe zu den Menschen auf. Niemand aus der Schweizer Garde sollte vor ihm das Knie beugen.
Wer nur 33 Tage im Amt ist, kann nicht viel bewirken. So konnte er nicht reisen, keine Heiligsprechungen vornehmen, auch kein Regierungsprogramm verabschieden. Wenn er Ansprachen hielt, so stützte der Papst sich vielfach auf die Lehren seiner Vorgänger. Dennoch gewann er sein eigenes Profil. Bei einer Angelus-Ansprache sprach er von Gott, dem Vater, „aber noch mehr ist er Mutter" – „È papà, più ancora è madre!" Johannes Paul I. starb in der Nacht zum 29. September 1978.
Dieses Buch beinhaltet auch eine Reihe seiner

Aussagen und ausgewählte Briefe, die ihm sein Humor eingab. Ein hintergründiger, kein oberflächlicher auf lachende Zustimmung ausgerichteter Humor. Albino Luciani wusste, was Worte bewirken können, vor allem, wenn man sie mit einem Lächeln oder gar mit einem lachenden Gesicht übermittelt.
Möge dieses Buch eine Dankesgabe an ihn sein.

Hermann Multhaupt

Ein Junge aus den Bergen

Albino Lucianis Kindheit und Jugend

Doppelte Taufe

Albino Lucianis Geburt war nicht einfach gewesen. Er kam sehr schwach auf die Welt, man fürchtete um das Überleben des neugeborenen Kindes. Zeit, um ins Dorf zu laufen, um den Pfarrer für die Taufe zu holen, blieb nicht. Seine Mutter war sehr schwach, der Vater arbeitete im Ausland. Maria Fiocco, die Hebamme, war eine entfernte Verwandte von Vater Giovanni. So spendete sie dem Jungen die Nottaufe. Er wurde unter dem 19. Oktober 1912 ins Taufregister der Gemeinde eingetragen. Pfarrer Don Zanetti erkannte die Nottaufe an, doch sein Mitarbeiter Don Achille Ronzon wiederholte den Taufakt noch am gleichen Tag. Hatte Gott seine Pläne mit dem Jungen?

Anonymer Lebensretter

Als Junge erkrankte Albino an einer lebensgefährlichen Lungenentzündung. Ein Militärarzt, der mit seinem Trupp in der Nähe des Dorfes Forno di Canale, wo die Lucianis lebten, einquartiert war, wurde zur Hilfe gerufen. Er untersuchte den Jungen und verließ ohne Erklärung schnell das Haus. Kurz darauf kam er mit der rettenden Medizin zurück. Der Name des Arztes blieb unbekannt, doch die Mutter Bortola hielt ihren Sohn Jahre später noch immer zum Gebet für den Lebensretter an. „Vergiss nicht, für den Arzt zu beten, der dir das Leben gerettet hat. Wahrscheinlich ist er schon tot, denn die Guten sterben früh."

Kleine und große Kreuze

Der 93-jährige Don Giulio Gaio, Professor am Priesterseminar Feltre, erinnerte sich, dass Albino Luciani als Schüler vor ihm in der Klasse saß. „Es war die vierte oder fünfte Klasse des Gymnasiums, wo ich Latein und Italienisch unterrichtete, Albino übertraf alle an Intelligenz – gli scavaleàva tutti. Und erst seine Aufsätze! Wenn die anderen zwei oder drei Seiten ablieferten, Albino brachte sicher 14 Seiten ans Pult! Es war für mich eine penitenza – eine Buße! Nicht der Inhalt, nur die Länge! Als Albino später Patriarch von Venedig wurde, habe ich ihm gratuliert. Ich sagte zu ihm: Jetzt hast du ein großes Kreuz zu tragen. Früher waren deine Aufsätze für mich ein Kreuz ..."

Die vernichteten Schulaufgaben

Der Pfarrer hatte die Frömmigkeit und Begabung des kleinen Albino erkannt und wollte ihm den Zugang zum Gymnasium insofern erleichtern, als er ihm Unterrichtsstunden anbot, damit er gleich in die fünfte Klasse überwechseln konnte. Bei einem Gast des Pfarrers erhielt er vormittags seine Stunden, nachmittags musste er die Kuh weiden. Sein Heft mit den Lektionen hatte er dabei. Es waren jedoch auch andere Jungen beim Kühehüten, und so balgte man herum, während das Heft neben einer Tanne liegen blieb, in Nähe des Sacks, in dem sich das Salz für das Vieh befand. Doch o Schreck! Bei der Rückkehr bemerkte Albino, dass die Kuh nicht nur das Salz gefressen, sondern auch gleich das Heft mit verzehrt hatte. Was tun? Wie vor den Lehrer treten, dem er ja die gelösten Aufgaben bringen sollte? Albino war verzweifelt. Die Mutter begleitete ihn ins Pfarrhaus. Der Lehrer war unerbittlich: Wenn die Kuh die Aufgaben gefressen hat, geht Albino eben nicht mehr ins Seminar. Kein Wunder, dass Albino in Weinen ausbrach. Doch der Pfarrer tröstete ihn: Stell dir vor, es gibt noch mehr Hefte, und im Seminar werden sie dir dieselben Fragen nochmals stellen.

Betragen: mangelhaft

Albinos Bruder Edoardo erzählte von ihm, er sei sehr lebhaft gewesen, ein Schelm, stets zu Scherzen aufgelegt, der die Mädchen gern an den Haaren zog und mit seinen Klassenkameraden raufte. Während seines kurzen Pontifikats sagte er einmal bei einer seiner Audienzen schmunzelnd, er hoffe, dass niemand seine Noten für Betragen aus der Volksschule nachsehen werde, denn sie seien nicht die besten gewesen.

Ungewisse Aussichten

Wegen seines lebhaften Naturells, seiner häufigen Streiche und seiner Leichtsinnigkeit erhielt Albino Luciani manchen Tadel oder manche Strafe. Die Lehrer im Konvikt meinten: „Albino ist zu ungestüm. Er hat einen sehr eigenwilligen Charakter. Wer weiß, was einmal aus ihm wird."

Die alte Bäuerin

Albino sollte für das Pfarrblatt seiner Heimatpfarrei schreiben. Der erste Beitrag war voller fantasiereicher Redewendungen. Der Pfarrer Don Filippo las den Artikel ruhig durch, legte ihn gedankenvoll auf den Tisch, nahm eine Prise Schnupftabak und sagte: „Er ist gut geschrieben, aber er gleicht einer Predigt. Er ist zu lang und schwer verständlich. Stell dir eine arme alte Bäuerin vor, die versucht, deinen Artikel zu lesen, so voll von großen Worten und komplizierten Sätzen. Die arme Frau! Versuch sie dir vorzustellen, ob sie diese vielen ‚Ismen' versteht oder wie sie hinter den Sinn deiner langen Sätze zu kommen sucht. Schreib den Artikel noch einmal, komm gleich auf den Kern der Sache, gebrauche kurze Sätze mit einfachen Begriffen. Erkläre deine Ideen mit lebendigen und konkreten Beispielen und, noch einmal: Denk an die alte Bäuerin!"

Ein Meisterwerk

Albino Luciano hatte schon als Schüler hohe Ansprüche an sich selbst. Er erinnerte sich später: „Als ich ein kleiner Bub war und noch in die Volksschule ging, wartete ich sehnsüchtig auf die Stunde, da ich dem Lehrer das alte, schon ganz vollgeschriebene Heft geben konnte, um es gegen ein neues Heft einzutauschen. Das alte gefiel mir nicht mehr; darin hatte ich gestrichen und radiert, Fehler und Kleckse hinterlassen. Im neuen jedoch hoffte ich, schöne Sätzchen hinzusetzen, viel besser auf saubere Buchstaben und richtige Schreibweise zu achten, kurz: als kleiner Schuljunge ein Meisterwerk zu versuchen."

Keine guten Aussichten

Del Bon, ein Mitschüler von Albino Luciano erinnerte sich so an die gemeinsame Zeit: „Wir wurden ganz gute Freunde, obwohl er mich nie seine Hausarbeiten abschreiben ließ. Einmal fragte uns der Lehrer in der Klasse, was wir gerne von Beruf werden möchten. Albino erklärte rundheraus, dass er Priester werden wolle ‚Was, so ein Bengel wie du? Was für ein Priester sollte wohl aus dir werden!'"

Ein handfestes Vorbild

Der Wunsch des zehnjährigen Albino, Priester zu werden, mag auch durch folgendes Erlebnis ausgelöst worden sein: Ein Kapuziner war nach Forno di Canale gekommen, das Heimatdorf Lucianis in den Dolomiten, und hatte Fastenpredigten gehalten, echte Kapuzinerpredigten, einfach und handfest, herzlich und zündend, dass sich auch noch das widerstrebendste Gewissen ergeben musste. So ähnlich wollte er auch einmal werden, erklärte der kleine Albino seiner Mutter.

Die Relativitätstheorie nach Luciani

Die Relativitätstheorie nach Einstein ist zwar bekannter, aber die Version von Albino Luciani ist sehr viel verständlicher. Tatsächlich kann sie sogar jedes Kind verstehen: „Wie unterschiedlich wird doch die Zeit wahrgenommen“, sagte er einmal. „Wenn man ruhig sein und eine halbe Stunde still sitzen muss, kann die Zeit fürs Gebet lang werden. Wie schnell geht dagegen eine halbe Stunde vorbei, wenn man auf der Straße, auf dem Platz mit Freunden spielt.“ Daran sollten Religionslehrer und Katecheten immer denken, wenn sie Kinder religiös unterweisen, empfahl Don Luciano. Sie sollen fragen: „Wie war das damals eigentlich bei mir, als ich Kind war?“

Nichts zu tun

Mutter Luciani fragte einmal ihren Sohn: „Hast du deine Betrachtung gemacht?“
„Ja, Mutter.“
„Hast du sonst noch etwas zu tun?“
„Nein.“
„Also, geh zum Herrn Pfarrer, er hat stets eine Beschäftigung für dich.“

Übermut tut selten gut

Am Ende der Ferien, bevor der Schulbetrieb in Feltre wieder begann, verfasste der Pfarrer von Canale d'Agordo einen Bericht an den Oberen des Seminars. Einmal kam Albino Luciani dabei schlecht weg: „Ich habe es dir schon einmal gesagt, du hast dich geändert, du bist nicht mehr der Gleiche wie früher. Du bist zerstreut, ungehorsam, deine Frömmigkeit lässt zu wünschen übrig ... Ich habe die Pflicht, den Regens des Knabenseminars wissen zu lassen, dass ich während dieser Ferien mit dir nicht zufrieden gewesen bin. Ich werde ihn ersuchen, dir eine Verwarnung zu erteilen."

„Ich stand da", berichtete Albino Luciani später, als er sich an diesen Tag im Pfarramt erinnerte, „und der Pfarrer saß. Er schrieb und ich schüttelte von Zeit zu Zeit den Kopf; ich fühlte mich schuldig und es war mir nicht wohl dabei. Er unterzeichnete den Brief, druckte den Pfarreistempel darauf, versiegelte ihn und übergab ihn mir für den Regens."

Die Professoren waren sich eine Zeit lang nicht einig, ob dieser Priesteranwärter Albino Luciani zum Priestertum berufen sei. „Dieser Albino Luciani ist wirklich zu übermütig, ein allzu großes Original. Mit einem solchen Charakter wird er später weiß Gott was machen."

Damals ahnte niemand, dass aus dem übermütigen Seminaristen eines Tages ein Papst werden würde.

In Soutane aufs Feld

„In den Ferien“, erzählt sein Bruder Edoardo über Albinos Seminarzeit, „setzte er seine Studien fort, aber er half uns auch bei der Arbeit auf dem Feld. Dabei trug er immer seine Soutane, auch wenn er sich den Tragkorb mit Heu auf die Schulter lud.“

Hat die Muttergottes schon Kartoffeln geschält?

Auf dem Weg zum Bischofsamt

Die zerbrochenen Eier

Als Kaplan besuchte Albino Luciani das Dolomitenstädtchen Agordo, wohin er später auch versetzt wurde. Damals wurden die Häuser noch gesegnet und der Hausherr, ob nun arm oder reich, gab dem Ortspfarrer ein oder zwei Eier. Die trug der Messdiener in einem Korb. Nun ging es straßauf und straßab. Der Messdiener hatte seine Augen überall, doch plötzlich rutschte er aus und die Eier gingen zu Bruch. Der Messdiener weinte. Albino Luciani zog sein Taschentuch und trocknete die Tränen des Jungen ...

Katzenmusik an der Orgel

Als Albino Luciani Kaplan war, gab es gute Sänger in seiner Gemeinde, Erwachsene wie Kinder, doch keinen Organisten. Der Pfarrer fragte, ob Luciani nicht die Orgel spielen könne. Und als folgsamer Kaplan hat er es versucht. Da er weder Klavierspielen gelernt hatte, noch die Orgel bedienen konnte, muss es schrecklich geklungen haben, aber er hat sich gefügt und einige Monate die Königin der Instrumente mehr schlecht als recht gespielt.

Die Bekehrung

Sachen gibt's! Als Albino Luciani ein junger Priester war, kam eines Tages ein ebenso junger Mann in seine Heimat. Es war die Zeit, als der Faschismus sich in Italien ausbreitete, in der zweiten Hälfte der 1930er Jahre. Der Fremde, offensichtlich ein glühender Anhänger Mussolinis, stellte sich auf eine Kiste und versuchte, die jungen Leute, die nach der Vesper vor der Kirche zusammenstanden, mit seinen Ideen zu beeinflussen. Albino, nicht faul, argumentierte dagegen. Er überzeugte den jungen Mann dermaßen, dass dieser später beschloss, in den Orden der Franziskaner einzutreten.

Zu kleine Schuhe

Bei einem Ausflug mit seinen Schülern bis in die Ausläufer der Dolomiten hatte Don Albino wohl zu zu kleinen Schuhen gegriffen. Die Schüler merkten bald, dass ihm jede Bewegung wehtun musste. Sie schielten mal auf sein Gesicht, mal auf seine Schuhe und wunderten sich, dass er so tat, als sei alles in Ordnung. Sie waren sehr beeindruckt, wie sehr er die Zähne zusammenbeißen konnte.

Die verschwundenen Galgen

Als Albino Luciani Vizedirektor am „Gregoriano“ und Professor für Theologie in Belluno war, kamen am Ende des Zweiten Weltkrieges Partisanen aus ihren Schlupfwinkeln in den Bergen und verhafteten Kollaborateure. Sie begannen, einen Galgen zu errichteten, um auf eigene Faust Selbstjustiz zu üben. Zwölf Mann sollten nächsten Morgen hingerichtet werden. Kaum hatte Albino Luciani davon gehört, eilte er auf den Platz und hielt den selbst ernannten Richtern eine deftige Strafpredigt. Seine Worte müssen Eindruck gemacht haben. Am nächsten Morgen war der Galgen verschwunden und die zwölf Männer gerettet.

Erste Hilfe

Einmal kam ein Student zu Don Albino, dessen Haus von den Deutschen während des Krieges in Brand gesteckt worden war. Er hatte alles verloren bis auf die Kleider, die er auf dem Leib trug. Albino überlegte nicht lange, kramte in seinem Kleiderschrank und gab ihm einen seiner Anzüge und dazu etwas Geld. Als der junge Mann nun in der Kälte vor ihm stand, holte Don Albino seinen alten Mantel, sah, dass man daraus noch etwas machen konnte, und ließ ihn für den Besucher herrichten.

Der Menschenkenner

Als sich Kardinal Roncalli, der spätere Papst Johannes XXIII., einmal einige Tage in Belluno aufhielt, war Don Albino sein Begleiter. Roncalli sagte nachher dem Generalvikar von Belluno: „Ich habe noch nie einen liebenswürdigeren Menschen kennengelernt." Als Luciani das erfuhr, lachte er und meinte: „Ich weiß nicht, wie er mich kennengelernt hat. Es hat immer nur er geredet!"

Mit dem Motorroller durchs Bistum

Als Albino Luciani Anfang der 1950er Jahre eine Art Vizekanzler des Ordinariatsrates, dem Verwaltungsapparat der Diözese, war, war er mit seinem Freund, Professor Segolini, immer wieder unterwegs. „Oft rumpelten wir zusammen auf der Lambretta durch das halbe Bistum", erinnert sich der Freund. Die strahlende und offene Art Lucianis brachte ihn leicht mit jungen Menschen in Kontakt.

Mi capisci? – Verstehen Sie mich?

Professor Angelo Segolini und Albino Luciani waren Kollegen und arbeiteten 14 Jahre zusammen. Aus dieser Zeit berichtete Professor Segolini, dass Albino ein ausgezeichnetes Gedächtnis gehabt habe. „Er bereitete sich gewissenhaft auf jede Stunde vor.“ Er habe es auch verstanden, schwierige Themen einfach und klar vorzutragen. „Und“, so fügte Professor Segolini hinzu, „wir haben ihn richtig verstanden.“ Albino Luciani hat die heilige Messe damals schon auf Latein oder Englisch gelesen – lange bevor das Zweite Vatikanische Konzil die Muttersprache am Altar empfahl.

Kinder sind wie Vögel

Als Lehrer und Pädagoge gab Albino Luciani den Katecheten für die Unterrichtsvorbereitung viele Ratschläge. Das machte er gern anhand konkreter Bilder. So sagte er einmal, Kinder seien mit ihren Wünschen und Erwartungen wie Vögel, umtriebig, ungeduldig und flatterhaft. Man muss sie fragen lassen, ihre Worte nicht abwürgen, auch wenn sie vom Hundertsten ins Tausendste kämen. Wenn Adam und Eva die Söhne Kain und

Abel bekommen haben, woher hatten die beiden Brüder dann ihre Frauen? Steht davon etwas in der Bibel? Oder kamen die Frauen aus den Rippen der beiden wie bei Adam? Mit solchen Fragen wird der Unterrichtsstoff nicht langweilig!

Geteiltes Leid

Eines Tages saß Professor Albino Luciani in einen alten Militärmantel gehüllt am Schreibtisch. Ihn fror gewaltig. Ein Seminarist fragte ihn, warum er den Ofen nicht angeheizt habe, da doch genügend Holz vorhanden sei. Darauf entgegnete er: „Die Zimmer der Seminaristen sind auch nicht geheizt. Es wäre nicht in Ordnung, wenn mein Zimmer warm wäre, die Studenten aber frieren müssen."

Neue Medien

Als Vizerektor des Priesterseminars „Gregoriano" in Belluno ersetzte Albino Luciani einmal ein klassisches Lehrbuch durch eine englische Variante, in der der Text eingängiger geschrieben und der Wirklichkeit näher war. Er berichtete auch über andere Neuerungen, wie zum Beispiel Kinotechnik und Lichtspieltheater. Er hätte sicher auch etwas über die Presse und die Zeitungen erzählt, doch dazu kam es nicht mehr, denn er wurde zum Bischof ernannt. Die Zeit als Lehrer war damit vorbei, aber Luciani hätte sicher noch mehr pädagogische Kniffe auf Lager gehabt.

Wir sind Brüder

Als Albino Luciani die Erlaubnis erhalten hatte, vor seinen Namen das Wort „Monsignore“ zu führen, äußerte es sich gegenüber einem Bekannten, der Bischof habe ihm diesen Titel geben wollen, durch die von Gott empfangene Weihe sei er doch einfach Don Albino geblieben ... „Wir sind Brüder in Christus“, fügte er hinzu und leise lachend sagte er: „und argodinische* Brüder.“

**nach seiner Heimatregion*

Zur Not durchs Fenster

Wenn Msgr. Luciani unterwegs zu Pastoralbesuchen war, forderte er die Arbeitnehmer auf, christlichen Gewerkschaften beizutreten. „Euer Zeugnis als Christen ist wichtig, aber auch schwierig, und wird manchmal nicht verstanden. Ihr könnt auf die Solidarität eures Bischofs zählen.“ Er rief sie auf, mit christlicher Geduld Mut zu beweisen, „denn das, was etwas kostet, ist auch mehr wert. Wenn man euch die Tür vor der Nase zuschließt, so tretet durch das Fenster ein.“

Heiße Luft

Nachdem er zum Monsignore ernannt worden war, redete ihn ein Seminarist einmal mit „Don Luciani" statt mit „Monsignore" an. Seine Kameraden korrigierten ihn, aber Luciani nahm ihn in Schutz und sagte: „Schaut, mit diesen Titeln macht man sich über jemanden ein bisschen lustig ... Die Menschen sind wie Fußbälle: Wenn der Fußball nicht aufgeblasen ist, liegt er unbeachtet in einer Ecke; ist er aber voll Luft, dann denken alle, sie können mit ihm machen, was sie wollen."

Die Madonna der Schüsseln und Pfannen

Einmal wurde Albino Luciani von einer einfachen Frau gefragt, welcher Titel der Gottesmutter ihm am besten gefalle. Ein wenig schalkhaft antwortete er: „Wenn Sie wollen, dann gebe ich Ihnen einen guten Rat: Verehren Sie besonders die Madonna der Schüsseln und Pfannen oder die Madonna des Besens. Sehen Sie, Maria ist ohne Visionen und ohne Ekstasen heilig geworden, als eine gewöhnliche Hausfrau, die Suppe gekocht, Kartoffeln geschält und ähnliche Dinge getan hat."

Die lieben Mitmenschen

Bei einer Visitation stand Albino Luciani einmal plaudernd mit den Bewohnern eines Altenheimes zusammen, als ein Schwarm von Mücken plötzlich auftauchte und sich ziemlich aggressiv verhielt. In seiner spontanen Art nutzte der Bischof die Gelegenheit zu einer kleinen katechetischen Unterweisung: „Habt ihr hier nie einen Löwen vorbeigehen sehen?" – „Nein." – „Hat euch nie ein Tiger die Pranke auf die Schulter gelegt?" – „Nein." – „Habt ihr nie einen Elefanten unter diesen Bäumen stehen gesehen?" – „Nein." – „Aber, liebe Freunde, vorhin ist hier ein Schwarm von Mücken vorbeigeflogen. Ja, es gibt Mücken. Diese Tiere sind klein, aber so lästig, und sie stechen einen überall. Seht: Im Leben werden wir vielleicht nie auf Leute stoßen, die uns verprügeln, uns töten, uns ausrauben. Aber oft begegnen wir Menschen, die langweilig, lästig, unangenehm sind und uns auf die Nerven gehen. Die muss man gernhaben, muss zu ihnen nachsichtig sein, sie ertragen, sie annehmen: den einen, obwohl er beim Schnäuzen laut ist wie eine Trompete; den anderen, obwohl er die Suppe schlürft; den dritten, obwohl er stocktaub ist; einen anderen, obwohl er keine Zähne hat, und wieder einen anderen, obwohl er sich dauernd besudelt ... Es ist leicht, die Chinesen zu ertragen, die weit weg wohnen, nicht hier sind und uns nicht auf die Füße steigen; schwerer ist es, aber Christenpflicht, alle zu lieben, auch diejenigen, die lästig sind. Das ist eines der Werke der Barmherzigkeit."

Ausflug zweier Päpste in spe

Als Patriarch von Venedig traf Angelo Roncalli, der künftige Papst Johannes XXIII., auch mit Albino Luciani zusammen. Patriarch Roncalli wollte einen Freund, einen Bergpfarrer im Bistum Belluno aufsuchen. Als Begleitung und Reiseleiter hatte er sich den zuständigen Diözesanbischof erbeten. Da der Bischof jedoch nicht vor Ort war, bot sich Msgr. Luciani an einem vorlesungsfreien Nachmittag als Begleiter an. Es war ein denkwürdiger Ausflug zweier zukünftiger Päpste, die sich übrigens gegenseitig sehr schätzten und von denen niemand ahnte, dass sie beide noch einmal den Stuhl Petri besteigen würden.

„Bist du verrückt?"

Als Aldo Salvato, ein Bekannter, mit Albino Luciani in Canale d'Agordo zusammentraf und beide nach der Frühmesse ein Stück spazieren gingen, sagte Salvato: „Ein wenig Rot würde Ihnen gut zu Gesicht stehen, Monsignore." Er meinte damit wohl die Eignung seines Gesprächspartners zum Bischof oder gar Kardinal. Luciani entgegnete darauf: „Bist du verrückt? Solche Dummheiten interessieren mich nicht." Auch in späteren Jahren, als Bischof und Kardinal, wollte er nicht mehr sein als der von Gott geweihte „Don Albino". Keine auffällige Kleidung – wenn sie sich vermeiden ließ. Das Erste, was er tat, wenn er nach offiziellen Anlässen nach Hause zurückkam, war, sich der „lästigen Kleidungsstücke" zu entledigen und den einfachen schwarzen Priesterrock anzuziehen.

Pfarrer mit Bodenhaftung

Am 15. Dezember 1958 erhielt Albino Luciani einen Brief mit päpstlichem Wappen. Darin schrieb der Papst: „Wir erwägen, Sie zum Bischof von Vittorio Veneto zu ernennen ..." Die Mitteilung passte ganz und gar nicht in Lucianis Lebensplan. Er wollte ein einfacher Dorfpfarrer sein, obgleich seine Professorenkollegen, sein Bischof, die Seminaristen sich über die Nachricht freuten. Sein Freund, Professor Segolini, berichtete darüber: „Als wir hörten, dass unser Albino Luciani Bischof werden sollte, freuten wir uns sehr. Ich ging zu ihm ins Zimmer und wollte ihm Glück wünschen.

Da fand ich ihn, wie er sich gerade die Schuhe putzte."

In der Kürze liegt die Würze

Don Filippo Carli, der Pfarrer von Lucianis Heimatdort, muss ein Meister der Menschenführung gewesen sein. Kardinal Luciani erinnerte sich, dass er ihn und seinesgleichen von früh an zu einem pastoralen Leben anleitete. Von der Unterweisung der Messdiener führte er sie Schritt für Schritt zur wahren Katechese. Einmal sollte Albino Luciani einen Artikel für das Pfarrblatt schreiben, was zu einem langen Sermon literarischer Einfälle führte. Der Pfarrer las den Artikel in Ruhe durch, nahm eine Priese Schnupftabak und erklärte seinem gelehrigen Mitarbeiter dann, dass in der Kürze die Würze liege. Dass die Sprache so verständlich sein sollte, dass jeder Mensch von dem geschriebenen Wort profitierte, alte wie junge Menschen.

Ein Seelenhirt ohne Bankkonto

Als Bischof und Kardinal

Keine Ausreden!

Nach der Wahl Roncallis zum Papst, 1958, war der Bischofsstuhl von Vittorio Veneto neu zu besetzen. Albino Luciani, der dafür vorgesehen war, lehnte ab mit der Begründung, er habe keine gute Gesundheit und eine schwache Stimme. Er bekam die Antwort: In Vittorio Veneto liege das Bischofshaus auf einem Hügel, die Luft sei bestens, und für die Stimme gebe es Lautsprecher ...

Der unbekannte Bischof

Kurz nach der Ernennung zum Patriarchen von Venedig, noch in Vittorio Veneto, nahmen Luciani und sein Sekretär zwei Anhalter im Auto mit, die ihn nicht als Bischof erkannten, weil er wie ein gewöhnlicher Priester gekleidet war. Er interessierte sich so herzlich für sie, dass sich die beiden gleich wohlfühlten. Das Gespräch kam auch auf den neu ernannten Patriarchen von Venedig: „Wer ist denn dieser

Luciani? Man hat nie von ihm gehört. Nach Venedig sollten sie doch einen anderen schicken!“ Luciani erklärte ihnen, dass die Wege Gottes oft anders seien als die Wege der Menschen. Als sie ausstiegen und sich bedankten, rief der eine spontan: „Einen Priester wie Sie sollte man zum Patriarchen machen.“

Kann sich sehen lassen!

Nachdem Papst Johannes XXIII. Albino Luciani am 27. Dezember 1958 zum Bischof von Vittorio Veneto geweiht hatte, sagte er zu einem Prälaten: „Behalten Sie diesen Bischof im Blick! Da haben wir etwas Schönes und Großes vollbracht.“

Von der Straße geholt

Am 4. Januar 1959 hielt Bischof Albino Luciani im Rahmen eines Pontifikalamtes in seiner Heimat Forno de Canale eine Predigt, worin er sagte, er wisse nicht, was Gott, was der Papst und die göttliche Vorsehung von ihm gedacht hätten. Vielleicht habe der Herr seine alte Methode angewandt, nämlich die Armseligen aus dem Dreck der Straße geholt und sie erhöht. Er holte Leute von den Feldern, weg von den Fischernetzen und machte sie zu Aposteln. Gewisse Dinge, so sagte er weiter, wolle der

Herr weder in Bronze noch in Marmor geschaffen wissen, sondern in den Staub schreiben, damit auch dann, wenn die Schrift nicht vom Wind verweht wird und erhalten bleibt, offenkundig ist, dass alles allein ein Werk und Verdienst des Herrn sei.
„Ich bin der von den Feldern", fügte er hinzu, „der Arme und Armselige, der nichts als Staub ist." In diesen Staub, so Luciani, habe der Herr die bischöfliche Würde für die illustre Diözese von Vittorio Veneto geschrieben ...

Redakteur mit Bischofsstab

In seinen Jahren als Bischof schrieb Luciani viel für Zeitungen, so etwa für „Il Gazzettino" und „Messagero di San Antonio". Diese Passion rührte aus seiner Schulzeit. Einmal hatte sein Lehrer Don Giulio den Schülern die Aufgabe gegeben, eine Zeitung, eine Art Tagebuch, zu schreiben. Albino war der Redakteur. Das Schreiben für die Zeitungen blieb ihm Spaß und Berufung zugleich. Er sagte, wenn er nicht Priester geworden wäre, so hätte er den Beruf des Journalisten ergriffen.

Sekretär im Unglück

„Meine Tür ist immer offen", sagte Luciani als Patriarch von Venedig, „Sagt meinem Sekre-

tär, was ihr braucht, und ich werde glücklich sein, alles zu tun, was mir möglich ist."
Das Resultat war jeden Tag eine Schlange von Menschen, die irgendeine Hilfe benötigten. „Eminenz", sagte der Sekretär, „Sie stürzen mich ins Unglück. Die Leute lassen mir keine Ruhe." Lachend erwiderte Luciani darauf: „Irgendwie wird uns schon geholfen." So kamen Arme, Einsame, Arbeitslose, entlassene Strafgefangene, ehemalige Prostituierte, Alkoholiker; und alle waren seine Freunde.

Der Segen eines Stoppschildes

Als der Sekretär des Bischofs einmal ungeduldig wurde, weil er vor einem Stoppschild warten musste und fürchtete, zu spät zu kommen, sagte ihm Albino Luciani: „Das Schild ist nicht gegen, sondern für uns. Wenn wir es nicht beachten, kann es schlimme Folgen für uns haben. Auch Gott stellt im Leben des Menschen einige Stoppschilder auf. So etwa das neunte Gebot: Du sollst nicht nach der Frau deines Nächsten verlangen. Dieses Gebot fällt oftmals schwer, doch es ist zum Vorteil des Menschen gemacht. Wie viel Friede blieb den Familien erhalten, wenn man sich an dieses Stoppschild hielte."

Lebensberatung bei Liebeskummer

An einem Ostersonntag, während er mit seinem Bruder zu Mittag aß, kam die Schwester und sagte, zwei Jungen von zwölf und dreizehn Jahren wollten ihn sprechen, weil sie ein großes Problem hätten. Der Patriarch verließ sofort die Tafel und ging zu ihnen. Ihr Problem war, dass sie beide in dasselbe Mädchen verliebt waren; die Eltern sagten, sie seien noch zu jung. Was sollten sie machen? Luciani unterhielt sich wohl eine Viertelstunde mit ihnen. Einige Tage später kamen die beiden Mütter, um dem Patriarchen zu danken; es hatte sich alles geregelt.

Fotosession mit rotem Gewand

Luciani hatte eine besondere Vorliebe für behinderte Kinder. Er war sehr zuvorkommend im Umgang mit ihnen und hatte großes Verständnis für sie. Einmal, nach einer kirchlichen Feier, bat ein kleiner Behinderter den Patriarchen, sich mit ihm fotografieren zulassen. „Ja, das mach ich", sagte dieser. – „Aber ich möchte, dass Sie das rote Gewand wieder anziehen und die schöne Schärpe." – „Aber sicher!" Er ging in die Sakristei zurück, zog sich die Kardinalsgewänder wieder an und ließ eine ganze Fotoserie von dem Jungen und sich anfertigen.

Ein Paukenschlag

Als Bischof wählte Albino Luciani nur ein einziges Wort als Wahl- und Wappenspruch: „Humilitas“ – Demut. Das heißt: Mut zum Dienen. Ein Wort wie ein Paukenschlag, wie ein Ausrufungszeichen. Und doch bescheiden. In aller Kürze fasst es zusammen, worum es ihm ging: für die Menschen da zu sein. An dieses Wort hat er sich stets gehalten. Offizielle Auftritte liebte er nicht. Wenn es möglich war, umging er Festlichkeiten und besuchte dafür lieber die Kranken und Armen. Hier fühlte er sich wohl. Unter ihnen war er zu Hause.

Ein „Kind aus den Bergen“

Der neue Patriarch von Venedig wurde in der Stadt des hl. Markus erwartet. Man glaubte, dass er in einer goldbetressten und festlich geschmückten Gondel anreisen und in einer prunkvollen Prozession zum Markusdom geleitet werde. Doch aus dem Boot stieg ein einfach gekleideter Mann. Die Menge war sicher enttäuscht. Doch Albino Luciano sagte: „Als Kind aus den Bergen habe ich Venedig immer bewundert. Es war für mich wie ein Traum. Man hatte mir erzählt, die Straßen seien hier aus Wasser und es gäbe Gondeln darauf. Die

Gondeln würden an Pfähle gebunden, so wie man daheim die Kühe anbindet ... Nun also: Da bin ich!" Eine solche Rede zur Begrüßung hatte man nicht erwartet. Doch der Patriarch lächelte dabei so strahlend, dass fast alle ihn gleich in ihr Herz schlossen.

Aufmerksamer Zuhörer

Bischof Luciani besuchte regelmäßig ein Altenheim und hielt sich dort zwei, drei Stunden auf. Er sprach nicht *zu* den alten Leuten, sondern *mit* ihnen. Deshalb ging er von Zimmer zu Zimmer, von Bett zu Bett. Dabei erwähnte er oft seine alte Mutter. Er fragte auch alle, wie sie hießen und überraschte beim nächsten Besuch damit, dass er die Namen der Altenheimbewohner noch wusste.

Ohne eine Lira

Bischof Albino Luciani besaß kein eigenes Bankkonto. Hatte er Geld übrig, gab er es den Armen. Das Bischofspalais, ein ehemaliges Schloss, ließ er auf eigene Kosten restaurieren. Staatliche Mittel nahm er nicht in Anspruch. Das Schloss steht auf einem Hügel am Stadtrand von Vittorio Veneto. Die Straße zu seinem Bischofssitz ließ er nie asphaltieren, obgleich öffentliches Interesse bestand.

Da er ein anspruchsloser Mann war, überließ er alles Geld, das ihm gehörte, seinem Generalvikar mit dem Auftrag, es für die Armen zu verwenden. Den Armen überschrieb er auch den Ertrag einer Sammlung, die von seinen Bistumsangehörigen zur Deckung der Installationskosten seines Bischofssitzes in Venedig veranstaltet worden war. „Ich bin hierhergekommen ohne eine Lira in der Tasche, und ich will weggehen ohne eine Lira“, pflegte er zu sagen.

Mit Bus und Fahrrad unterwegs

Seinen bescheidenen Lebensstil behielt Albino Luciani zeitlebens bei. Als Patriarch von Venedig trug er den einfachen Priestermantel ohne Zeichen seiner Würde. Er benutzte oft das Fahrrad oder den *vaparetto*, einen der kleinen Personendampfer, die auf den Kanälen Venedigs als „Wasserbusse“ unterwegs waren. Nicht selten traf man ihn auch zu Fuß an. Häufig war er dann unterwegs zu Krankenhäusern, Altenheimen und karitativen Einrichtungen. Große Einweihungsfeierlichkeiten, Veranstaltungen und Empfänge besuchte er hingegen kaum.

Die christliche Heiterkeit

Als sich die Bischofssynode 1977 insbesondere mit dem Thema der Katechese befasste, konnte der Erzbischof von Venedig, der sonst mit Stellungnahmen eher zurückhaltend war (als Bischof von Vittorio Veneto hat sich Luciani zum Beispiel auf dem Konzil keinmal zu Wort gemeldet), nicht anders, als auch einen Beitrag zu seinem Lieblingsthema beizusteuern.
Darin heißt es beispielsweise: „Um die Jugendlichen zu interessieren und anzusprechen, soll sich die Katechese besonders mit jener ‚hilaritas – Heiterkeit' umgeben, von der Augustinus spricht. Ihnen gefällt kein Leben, das mit Neins vollgespickt ist, von Schranken aller Art verriegelt und verschlossen, dies nicht tun und das nicht ansehen, hier nicht berühren und dort nicht entlanggehen ..."

Wie die Boxer

Im Zweiten Vatikanischen Konzil wurde oft kontrovers diskutiert. Man erinnere sich nur daran, dass Erzbischof Marcel Levebre am Ende sogar eine Kirchenspaltung provozierte. So kam es auch zu einer langen Diskussion über die Patriarchate. Die Gespräche zogen sich hin, mussten aber doch zu einem Ende kommen. Es standen noch einige Redner auf der Liste. Da sagte der Kardinal, der den Vorsitz führte: „Wer mit mir der Meinung ist, das Thema sei erschöpfend behandelt, der möge aufstehen.“ Alle standen auf, nur ein kleiner schwarzer Bischof in der Reihe vor Albino Luciani blieb sitzen. Der Bischof fragte ihn: „Ist Ihnen etwas nicht klar?“ Da drehte sich der Bischof um, fuchtelte mit den Armen und ballte die Fäuste wie ein Boxer. „Nein, nein“, meinte er, „sie sollen ruhig weitermachen, es macht so viel Spaß, ihnen zuzuhören.“

Keine Zeit

Einmal beobachtete Schwester Vincenza, die Patriarch Luciani den Haushalt führte, wie er sich in die dampfend aufgetischte Suppe kaltes Wasser goss. Auf ihre Frage: „Ist sie zu salzig?“, antwortete er: „Nein, Schwester, zu heiß!“ So viel Zeit, bis sie von selbst abgekühlt wäre, wollte er nicht verlieren.

Unangemeldeter Besuch

Wer unangemeldet zu Luciani kam, der erlebte einen entspannten Patriarchen, der sich Zeit für Besucher nahm. Umgekehrt suchte er ab und an auch selbst jemanden ohne vorherige Vereinbarung auf. Der Münchner Kardinal Ratzinger erzählt über seine erste Begegnung mit dem Patriarchen: „Er hat mich voriges Jahr (1977) während meines Urlaubs in Brixen besucht. Er hörte, dass ich dort war, und hat sich gesagt: In dieser Nähe muss man einen Kardinalskollegen besuchen. Einen schönen Nachmittag lang haben wir miteinander geplaudert. Ich konnte dabei seine außergewöhnliche Einfachheit bewundern. Er kam zu mir wie irgendein italienischer Landpfarrer. Man merkte allerdings, dass hinter dieser Einfachheit eine sehr große menschliche Bildung und geistliche Tiefe steckt."

Ein Bischof macht Ferien

Das Patriarchat hatte eine Ferienvilla in San Pietro di Feletto, die Bischof Luciani aber nie benutzte, weil sie ihm zu einsam war. Lieber ging er, wenn er für vierzehn Tage ausspannen wollte, ins Kloster der Serviten zu Weißenstein in Südtirol. Diesen Marienwallfahrtsort hatte er schon als Kind kennengelernt; ihm blieb er zeit seines Lebens eng verbunden. Da konnte er morgens und abends in Ruhe beten, tagsüber in Wäldern wandern und auf Berge steigen. Zum Essen aber ging er am liebsten zu irgendeiner Familie oder in die Dorfwirtschaft, um sich mit den Leuten zu unterhalten und Boccia zu spielen.

„Viele hatten keine Ahnung, dass er ein Bischof war", erzählte Don Mario Senigaglia, der frühere Sekretär des Patriarchen, später Bischofsvikar in Venedig, „und nicht wenige werden erst gemerkt haben, wer er war, als sie ihn im Fernsehen wiedererkannten als Papst."

Kardinal in Bauernschuhen

Alberto Cavallari, der Chefredakteur der venezianischen Tageszeitung „In Gazzetino" schrieb Ende der 1960er Jahre über Patriarch Lucciani: „Der künftige Papst trug einen einfachen Priesterrock, der schon etwas abgetragen und am linken Ärmel geflickt war. Darunter schauten seine schweren Bauernschuhe hervor, nicht die silbernen Schnallen der Kardinäle. Er merkte, dass ich sie sah, und sagte, dass es ihm nicht leichtfalle, die Gewohnheiten eines Bergpfarrers zu ändern. So begann er von seinen Tälern zu erzählen, von den Bergpfarreien, ‚wo die Leute so arm sind und immer Polenta essen'. Er sagte, dass wir ‚alle den Armen nahestehen müssen'."

Öffentliche Verkehrsmittel

War Luciani in Venedig unterwegs, so nahm er meist die offiziellen Boote. Er fand sich um 9 Uhr an der Haltestelle ein, plauderte unterwegs mit Marktfrauen, Schülern, Carabinieri, Touristen und unterhielt sich mit ihnen über das Wetter, die Marktpreise und die Schulaufgaben. Man fragte sich: „Hat er denn kein eigenes Boot wie sein Vorgänger?“ Er besaß keins.

Mit der Gondel zum Zahnarzt

Eines Tages bestieg Bischof Luciani morgens ein Boot. „Wo geht’s denn hin, Eminenz?“, wurde er gefragt.
„Zum Zahnarzt“, lautete die lapidare Antwort.
„Das kann doch nicht sein!“
„Meinen Sie, ein Patriarch bekäme keine Zahnschmerzen? Letzte Nacht habe ich trotz zwei Tabletten kaum geschlafen.“
„Mit dem würde ich Pferde stehlen!“, lautete die Meinung über ihn. „Er ist so einfach.“ Die Gondolieri waren einer Meinung: „Unser Patriarch ist in Ordnung!“

Die schönsten „Gemälde“

Die Wohnung Lucianis war sehr einfach eingerichtet. Diese Einfachheit war er von Haus aus gewöhnt, und er achtete stets darauf, keine unnötigen Dinge anzuschaffen. Albino Luciani wäre mit einer Dreizimmerwohnung zufrieden gewesen, wären da nicht die vielen

Akten, Briefe, Anfragen und offiziellen Verlautbarungen gewesen, um die er sich kümmern musste. So besaß er beispielsweise nur wenige Bilder. „Die schönsten Bilder“, pflegte er zu sagen, „sind die offenen Fenster mit dem Panorama der Stadt.“

Bischöfliche „Leibgerichte“

Wohl alle Bischöfe, beziehungsweise deren Haushälterinnen und Kapläne, werden auf ihren Visitationsreisen nach ihrer Lieblingsspeise gefragt. „Oh, er isst alles“, hieß es bei Albino Luciani, „nur keine Tortellini.“ Diese mit unterschiedlichem Fleisch gefüllten Teigtaschen konnte er nicht ausstehen. Dabei stellten Tortellini eine Delikatesse dar, die sich viele seiner Diözesanen nicht leisten konnten. Sie galten als typisches Sonntagsgericht. Man wollte dem Bischof etwas Gutes tun. Wenn er also auf Firmungsreisen ging und in den Pfarrhäusern zu Tisch saß – was wurde ihm serviert? – Tortellini ...

Gründlicher Bischof

Die Diözese Venedig bestand aus 126 Pfarreien. Albino Luciani besuchte sie alle. Doch nahm er sich Zeit, um mit ihren Pfarrern und Mitarbeitern zu reden. Die Laien durften offen und ehrlich ihre Meinung sagen. War er wieder zu Hause, so schrieb er den Pfarrgeistlichen über seine Beobachtungen, Eindrücke und Wünsche. Vor allem machte er ihnen Mut durch Komplimente, wie er ihren Gottesdienst und die Liturgie schätze, die Mitarbeit der Laien, die Katechese, auch die Presse. Kritik versteckte er in Anregungen: „Ihr Gemeindegesang würde noch viel schöner klingen, wenn das ganze Volk mitsingen würde.“ Für die erste Rundfahrt durch seine Diözese benötigte Patriarch Luciani fünf Jahre.

Etwas lauter, bitte!

Bei einer Privataudienz bei Johannes XIII. wendete sich der Papst an Albino Luciani mit den Worten: „Sie waren Theologieprofessor und sind nun Bischof. Lassen Sie sich von Ihrem pastoralen Dienst nicht durch eine gewählte und hochgestochene Wortwahl von der vollständigen Verfügbarkeit für Gott und die Menschen ablenken.“
Luciani machte den Heiligen Vater darauf aufmerksam, dass er wegen seiner Kränklichkeit schon oft im Sanatorium geweilt habe.
„Das macht nichts“, lautete die Antwort.
„Aber die schwache Stimme!“
„Es gibt Mikrofone.“
Beim Abschied riet der Papst: „Ich möchte Sie nicht zwingen, aber gehen Sie heim und lesen

Sie das 13. Kapitel der ‚Nachfolge Christi'." Das war ein dezenter Hinweis, dass es keine Ausflüchte gibt, wenn es darum geht, das Wort Gottes zu verkünden – und dem Papst zu gehorchen. Das Kapitel trägt den Titel „Demut und Gehorsam".

Insiderwissen

Am Ende einer Audienz der venezianischen Kirchenprovinz fand Papst Paul VI. nicht gleich den Klingelknopf am Arm seines Sessels, um die Bediensteten zu rufen, ihn abzuholen. Albino Luciano bemerkte es, legte unauffällig seine Hand auf die des Papstes, worauf der Papst ihn anschaute und lächelnd sagte: „So wissen Sie schon, wo sie ist."

Nicht immer hinterm Leithammel her!

In einem Schreiben an die Priester am Gründonnerstag 1968 warnte Bischof Luciani vor dem Zeitgeist, dem Kult der „Göttin Neuheit", dem viele frönten, und er erinnerte u. a. an die Worte Dantes in seiner „Convivio" („Das Gastmahl"): „Ich habe schon viele Schafe in eine Grube fallen sehen, weil sie einem nachliefen, das hineingesprungen war, obwohl der Hirte unter Wehklagen mit den Armen und dem

Herzen sie davon abhalten wollte!“
Nicht neuerungsfeindlich sollten die Priester sein, aber auch nicht neuerungssüchtig, damit sie nicht wie der Hirte bei Dante ohnmächtig zusehen müssen ...

Zu weit oben

Albino Luciano bezog zunächst den offiziellen Bischofspalast, die umgebaute Ritterburg San Martino, doch fühlte er sich dort nicht wohl. Obgleich er einen wunderbaren Ausblick auf das von Weinbergen und Bäumen umgebene Vittorio Veneto genoss, meinte er, „so hoch über den Menschen“ sei nicht sein Platz, sondern „unter ihnen“. Deshalb verließ er Mitte der 1960er Jahre das Castello und bezog ein leer stehendes Appartement im Priesterseminar gegenüber der Kathedrale im Herzen der Stadt Vittorio Veneto.

Das doppelte Geschenk

Bischof Albino Luciani wurde wegen seiner Verdienste um das Wohl der Stadt Vittorio Veneto und ihrer Gruppierungen die Ehrenbürgerschaft angetragen. Der Gemeinderat schenkte ihm zur Erinnerung an diesen denkwürdigen Tag ein Kruzifix des aus Bellungo stammenden Künstlers Augusto Murer aus

Falcade. Als sich kurze Zeit nach dem Besuch von Papst Paul VI. in Venedig im September 1972 der Bürgermeister Professor Aldo Toffoli und Albino Luciani zufällig im Flugzeug nach Rom begegneten, kamen sie auch auf das Geschenk zu sprechen. Der Bischof musste gestehen, dass er das Geschenk weitergegeben hatte.

„Sie sind mir einer!“, lachte der Bürgermeister. „Sie schenken weiter, was Sie selbst bekommen haben? Das hätte ich Ihnen gar nicht zugetraut.“

„Sie müssen schon verzeihen“, entgegnete der Patriarch, „ich befand mich in großer Verlegenheit und wusste auf die Schnelle nicht, was eines Papstes würdig gewesen wäre. So habe ich das Kruzifix aus Vittorio Veneto an Paul VI. weitergegeben.“

Luciani traute seinen Augen kaum, als ihm dieses Kreuz seines Vorgängers nach seiner Wahl zum Papst abermals geschenkt wurde ...

Voller Einsatz für die Glasfabrik

Nicht nur in kirchlichen Angelegenheiten, auch in politischen und wirtschaftlichen Schwierigkeiten wusste Albino Luciani oftmals Rat. Als das Gerücht aufkam, in einer Firma würden tausend Arbeitskräfte entlassen, hörte Patriarch Luciani sowohl die Werksleitung als auch die Arbeitsvertretung an. Er versuchte zu vermitteln und beschwor die Arbeitgeber, die Entlassungen so weit wie möglich hinauszuschieben. Als er spürte, dass dieser Schritt doch nicht abzuwenden war, ließ er in den Kirchen seiner Diözese einen Text verlesen, den die Diözesankommission für die Arbeiterseelsorge entworfen hatte. Er trug die Überschrift „Wo ist dein Bruder?“. Damit wollte er die Solidarität aller Pfarreien des Bistums mobilisieren ...

Finanzspritze vom Kardinal

Kardinal Luciani sorgte sich nicht nur um das seelische Wohl seiner ihm anvertrauten Menschen. Er nahm auch an ihren täglichen Nöten teil, vor allem, wenn Arbeitsplätze auf dem Spiel standen und Menschen ihre Stellung verlieren sollten.
Als die Glasfabriken „U. Moretti“ und „Melloni Moretti“ vor der Insolvenz standen, ging ihm das Schicksal der betroffenen 94 Arbeiterfamilien sehr zu Herzen. Er konnte sich gut in ihre Lage hineinversetzen, denn bei Moretti hatte sein eigener Vater einst zwei Jahre lang gearbeitet. So griff Luciani zur Feder und schrieb an Don Giuseppe, einen Priester vor Ort, einen langen Brief. Er wollte unbedingt helfen, und so legte er einen

Scheck über 50 000 Lire aus seiner eigenen Tasche als „kleinen, persönlichen Beitrag" bei.

Eine wertvolle Spende

Die persönliche Unterstützung für die Arbeiter war ein persönliches Zeichen, wenn auch nur ein Tropfen auf den heißen Stein. Doch in einem zweiten Schritt wandte sich der Kardinal an alle Pfarrgemeinden und forderte die Pfarrer und Vorsteher von Wallfahrtsorten auf, gestiftetes Gold, Halsketten und Ringe, die Gott, der Gottesmutter oder den Heiligen als Votivgaben dargeboten wurden, zu veräußern und den Erlös für die Behinderten des Zentrums Don Orione in Chirignago zu verwenden.

Albino Luciani ging selbst mit gutem Beispiel voran, indem er sogar das Brustkreuz und die goldene Kette stiftete, die Pius XII. gehört hatten und die ihm von Papst Johannes XXIII. geschenkt worden waren, als dieser ihm bei der Bischofsweihe die Hand auflegte.

„Das ist zwar wenig, wenn man den Geldwert bedenkt, den der Verkauf einbringt", meinte der neue Bischof, „vielleicht ist es aber doch etwas, wenn man erkennt, dass der wahre Schatz der Kirche die Armen sind, die Kleinen, denen man helfen muss."

Mit Zustimmung des Domkapitels hatte Albino Luciano beschlossen, für denselben guten Zweck auch das wertvolle Brustkreuz von Papst Johannes XXIII. zu verkaufen, das ihm Papst Paul VI. während eines Besuches im September 1972 in Venedig geschenkt hatte.

Ein langweiliges Gebet?

Um zu erklären, dass das Rosenkranzgebet keineswegs langweilig ist, erzählte Kardinal Albino Luciani 1979 in einem Buch von einer Begebenheit, die er einmal bei einer Zugfahrt erlebte. Da hatte er im Zug eine Frau gesehen, die ihr Baby im Gepäcknetz zum Schlafen gelegt hatte. Als der Kleine erwachte, sah er von oben aus dem Netz seine Mama, die gegenübersaß und über ihn wachte. „Mama“, rief er. Und sie: „Ja, mein Schatz!“ Eine ganze Weile ging das Zwiegespräch so hin und her. „Mama“ – von oben herunter. „Ja, mein Schatz!“ – von unten hinauf. Anderer Worte bedurfte es nicht. Der Rosenkranz – ein fades Gebet? Je nachdem.
Kardinal Luciani schrieb: „Wenn ich persönlich allein mit Gott und der Madonna spreche, fühle ich mich lieber als Kind denn als Erwachsener. Mitra, rotes Käppchen und Ring verschwinden; den Erwachsenen und auch den Bischof, die schicke ich auf Urlaub,

ebenso das dazugehörige ernste, bedächtige, besonnene Gehabe, um mich ganz der spontanen Zärtlichkeit hinzugeben, die ein Kind für Papa und Mama empfindet. Wenigstens für ein paar halbe Stunden Gott gegenüber das zu sein, was ich in Wirklichkeit bin, mit all meinen Nöten, aber auch mit dem Besten, das in mir ist: Aus dem Grund meines Seins das Kind auftauchen zu fühlen, das ich einmal war, das lachen und plaudern, den Herrn lieben und oft weinen möchte, um Barmherzigkeit zu finden – das hilft mir zu beten. Der Rosenkranz wiederum, dieses einfache und leichte Gebet, hilft mir, Kind zu sein; und ich schäme mich dessen nicht."

Gruß an die Heimat

Als Albino Luciani Bischof und später Kardinal geworden war, traf er vor der Kirche in Canale d'Agordo mit seinem Jugendfreund Giulio Bramezza zusammen. Giulio war etwas verlegen, doch Albino rief ihm zu: „Giulio, denkst du noch an die Stieglitze? Und wie wir auf den Pici gestiegen sind, der uns so nahe am Himmel schien?" Als junge Männer waren die beiden oft zusammen gewandert und Vögel, darunter Stieglitze, beobachtet.

Der verschollene Bischof

Als Bischof und dann als Patriarch besuchte Albino Luciani die marianischen Wallfahrtsorte in Italien und im Ausland, sei es als einfacher Pilger oder als Leiter von Pilgerzügen. Er wollte jedoch nicht auffallen oder wegen seines Status bevorzugt behandelt werden. Einmal begleitete er einen Diözesanpilgerzug nach Lourdes und wurde am Wallfahrtsort nach geraumer Zeit vermisst. Nachdem man überall nach ihm gesucht hatte, entdeckte man ihn unter französischen Pilgerinnen und Pilgern im einfachen Gewand des Priesters. So stand er als Bischof nicht im Rampenlicht und konnte abseits seiner eigenen Gruppe ungestört beten.

Prophetische Frage

Den Kontakt zu jungen Menschen suchte Albino Luciani immer wieder und wurde dabei von manchen Fragen überrascht. Ob er schon einmal verlobt gewesen sei, wollte jemand wissen. Nein, seit seiner Kindheit habe er den Priesterberuf vor Augen gehabt, antwortete er. Ob er gern Papst wäre, wollte ein anderer wissen. Bei dieser Frage wechselte das Mienenspiel des Patriarchen und nach einer

Weile antwortete er: „Bittet den Herrn und die Madonna, dass der Patriarch nicht Papst wird.“

Blick in die Zukunft

Albino Luciani war mit Kardinal Stefan Wyszyński, dem Kardinal von Warschau, befreundet. Auf dem Heimweg von Rom nach Warschau verpasste Kardinal Wyszyński selten die Gelegenheit, den Patriarchen in Venedig zu treffen. Albino Luciani äußerte sich über Polen sehr positiv. Er schätzte die Volksfrömmigkeit der Menschen und ihre Nähe zur Kirche und konnte sich vorstellen, hier eine kleine Diözese oder Gemeinde zu leiten.

Die Bischöfe, meinte Luciani in einem Interview, seien in Polen wirkliche Wegweiser. Im Stillen habe er oftmals daran gedacht, Kardinal Wyszyński zu bitten, ihn in seine Heimat mitzunehmen. Es imponierte ihm, wie polnische Bischöfe sich für die Belange der ihnen anvertrauten Menschen einsetzten. In Italien dagegen seien die dreihundert Bischöfe meist uneins, es sei ein regelrechtes „Durcheinander“.

„Ich bin überzeugt, dass nur die polnische Kirche uns retten kann“, sagte Kardinal Luciani. „Ich weiß nicht, wie, aber ich bin sicher, dass Polen eine große Aufgabe zu erfüllen hat. In den kommenden Jahren wird man viel über diese Nation sprechen ...“ – Tatsächlich scheint es, als habe er damit einen Blick in die Zukunft geworfen, denn sein Nachfolger im Papstamt wurde ein Pole ...

Gespräch mit einer Statue

In seiner Predigt zum Abschluss des Studienjahres 1977/78 sprach Albino Luciani darüber, wie man durch kleine Dinge des Alltags heilig werden könne. Denn zur Heiligkeit seien alle, Priester wie Laien, berufen. So kam er auch auf Mutter Teresa zu sprechen.
Das eigene Herz dem göttlichen Willen einzugliedern, koste es, was es wolle, sei die vorrangige Entscheidung jedes einzelnen Christen. Der hl. Franz von Sales habe einmal geschrieben:
„Stell dir vor, eine Statue in einer Nische in der Mitte des Saales könne auf die Frage, warum sie dort stehe, antworten, vielleicht würde sie erwidern: ‚Weil mein Herr sie dorthin gestellt hat.‘ – ‚Und warum bewegst du dich nicht?‘ – ‚Weil mein Herr nicht will, dass ich mich bewege.‘ – ‚Aber was hast du davon? Was nützt es dir, unbeweglich herumzustehen?‘ – ‚Ich habe nichts davon‘, würde die Statue antworten, ‚aber ich muss meinem Herrn dienen.‘ – ‚Deinen Herrn siehst du doch gar nicht.‘ – ‚Aber er sieht mich und freut sich an

dem Wenigen, das ich tue.‘ Seid also zufrieden, wenn ihr mit kleinen Schritten vorwärtskommt, bis ihr laufen könnt oder Flügel habt. Mutter Teresa ist sicher mit den Schritten eines Giganten vorwärtsgekommen, hat weit über zweitausend Schwestern für ihre Dienste der Nächstenliebe angeworben“, so Albino Luciani.

Geistliche Alltagstipps

Der Vortrag, den Albino Luciani am 5. August 1978 über „Maria als Vorbild der Ordensfrau“ vor Schwestern hielt, muss sehr erheiternd gewesen sein. Denn er verstand es, theologische Aussagen und Glaubenssätze mit Humor zu würzen. Nachdem er ein Bild von Maria als Mutter gezeichnet hatte, gelang ihm der Spagat, sie auch als Schwester anzunehmen und ihr in den kleinen Dingen des Lebens nachzueifern. Doch Luciani schätzte auch die Stille als Ausdruck der Gottesnähe: „Nicht um einzuschlafen, sondern um sich mit dem Herrn zu unterhalten.“

Wunderbare Morgenröte

Als Albino Luciani Patriarch von Venedig war, zeigte sich sein Kanzler eines Morgens vom Sonnenaufgang beeindruckt und entwickelte geradezu hellseherische Qualitäten. Er erinnerte sich später: „Es war um sechs Uhr in der Frühe, ein wunderbarer Morgen mit einer strahlend aufgehenden Sonne. Ich erinnerte ihn, dass er ausgerechnet Albino heiße, und rief, auf diesen Namen anspielend: ‚Eminenz, schauen Sie, mit welch herrlichem Sonnenaufgang Venedig Sie grüßt. Es scheint wie ein Abschied: der Abschied von einem Patriarchen und ein Gruß an den neuen Papst.'" Der Name Albino Luciani war wie ein Vorzeichen. Darin klingen die Morgenröte (alba) und das Licht (luce) an.

In den Schuhen des Petrus

Ein kurzes Pontifikat

Schwielen am Gehirn

Patriarch Luciani reiste von Venedig zur Papstwahl nach Rom. Am Vormittag nahm er an den Generalkongregationen der Kardinäle teil. Am Nachmittag zog er sich zurück, ging im Garten der Augustiner spazieren, wobei er das Stundengebet und den Rosenkranz betete. Gelegentlich unterhielt er sich mit dem achtzigjährigen Gärtner. „Als ich noch ein junger Seminarist war und in den Sommerferien bei meinen Eltern arbeitete, hatte ich Schwielen an den Händen. Jetzt habe ich Schwielen am Gehirn."

Glück oder Unglück?

Am letzten Abend vor dem Konklave traf Albino Luciani einen alten Freund, Camillo Cibin, später Kommandant der Wache im Vatikan. Sie sprachen ein paar Minuten miteinander, als ein anderer Freund, Giusto Antoniazzi, sich zu ihnen gesellte.
„Erlauben Sie mir, Eminenz, dass ich Ihnen Erfolg bei der Wahl wünsche", sagte Antoniazzi.

„Was sagen Sie da?“, antwortete Luciani. „Sie wünschen mir mein Unglück!“
Cibin unterbrach ihn: „Ich wünsche Ihnen nicht Erfolg und Glück, denn das Amt des Papstes ist eine sehr schwere Bürde.“
„Ja, das ist wahr; aber ich habe nichts zu fürchten, es ist nicht für mich.“
Darauf Antoniazzi: „Johannes XXIII. soll einmal gesagt haben, einer müsse dieses Kreuz auf sich nehmen.“
„Das ist wahr“, entgegnete der Kardinal, „wenn ich sicher wäre, dass es mich in den Himmel brächte, würde ich es gern annehmen.“

Außer Gefahr

Patriarch Albino Luciani unterhielt eine umfangreiche Korrespondenz mit seinen Familienangehörigen. Er vergaß nie, ihnen zu schreiben, wenn ein besonderer Festtag ins Haus stand oder wenn jemand eine Prüfung machen musste oder krank war. So schrieb er auch aus dem Konklave von Rom an seine Lieben. Da er nicht damit rechnete, in die engere Wahl zu kommen, meinte er: „Ich bin außer Gefahr.“ Er war sich sicher, nicht gewählt zu werden. Doch mit dieser Einschätzung lag er total daneben.

Ein Sommergewitter

Während einer Mittagspause im Konklave trafen beim Verlassen der Sixtina einige Konzilsväter, darunter der ungarische Kardinal Lakai und Kardinal Luciani im Fahrstuhl aufeinander. „Die Stimmen für Sie werden immer mehr“, sagte man zu Luciano, worauf der lachend erwiderte: „Das ist bloß ein Sommergewitter.“

„Tempests magna est super mea“ – Ein großes Gewitter braut sich über mir zusammen“, antwortete er dem Erzbischof von Kinshasa, Joseph Kardinal Malula, als dieser ihn nach den ersten Wahlgängen umarmte.

Nur Mut!

Die Papstwahl begann am Vormittag des 26. August und schloss bereits am Nachmittag mit der Wahl Albino Lucianis. Während des vierten entscheidenden Wahlgangs, als sich nach Lucianis später geäußerten Worten „die Gefahr sich deutlich abzeichnete“, flüsterte ihm sein Nachbar zur Rechten, Kardinal Willebrands, zu: „Nur Mut! Wem der Herr die Last aufbürdet, gibt er auch die Kraft, sie zu tragen.“ Und der Nachbar zur Linken, Kardinal Ribeiro von Portugal, ermunterte ihn mit den Worten:

„Vergessen Sie nicht, dass das ganze christliche Volk für den neuen Papst betet."

Die Papst-Nudeln

Wegen seines Mangels an kurialer Erfahrung war der Seelsorger-Kardinal aus Venedig nicht nur „ganz ruhig in die Sixtina" zur Wahl gegangen, sondern auch unbesorgt zum Konklave gefahren, obwohl sich bei seinem Auto, einem alten Lancia Fulvia, kurz vor Rom der Motorkolben „festgefressen" hatte und er abgeschleppt werden musste. Am Vormittag vor dem Beginn des Konklaves ging er noch in die Werkstatt und mahnte den Mechaniker zur Eile: „Ich muss in wenigen Tagen heimreisen, und ich wüsste nicht, wie ich das Auto abholen lassen könnte, wenn ich es hierlassen muss." Und der Küchenschwester des Augustinerkollegs in der Nähe des Vatikans, wo er vor dem Konklave wohnte, gab er auf die Frage „Und wenn Sie nun Papst werden, Eminenz?" zur Antwort: „Ich und Papst? Ich bin nicht vom Teig, aus dem diese Art von Nudeln gemacht wird."

Weißer Rauch

Ein Kardinal, der gern eine Zigarette geraucht hätte – das Rauchen war während des Konklaves nicht gestattet –, ging zum Papst und bat ihn um Erlaubnis. Johannes Paul I. zwinkerte ihm zu und sagte: „Gern, wenn nur der Rauch weiß ist."

Päpstliche Soutane in Größe XS

Kurz nach seiner Wahl zum Papst begab sich Johannes Paul I. in einen Raum, in dem der Schneider auf ihn wartete. Es lagen schon weiße Gewänder in verschiedenen Größen vor. Luciani zog das kleinste an, aber es war ihm immer noch zu groß. Es musste erst gerichtet werden, damit er nicht darin stolperte.

Die alten Laster

Die Papstwahl war erst wenige Minuten vorbei, als das Telefon im Bischofshaus von Vittorio Veneto läutete. Der Sekretär aus Rom sagte zum Bischof: „Ich übergebe Ihnen den Papst." Dann meldete sich eine wohlbekannte Stimme: „Der Fuchs wechselt das Fell, aber nicht sein Laster." Mit diesem italienischen Sprichwort spielte der Papst auf seine Gewohnheit an, häufig zu telefonieren. Der Bischof antwortete mit bewegter Stimme: „Heiliger Vater, die Freude in Canale und in Belluno ist unbeschreiblich!" – Der Papst: „Ja, ja, aber ich habe die Nacht nicht geschlafen, ich hatte so viele

Skrupel, weil ich angenommen habe. Es war alles so unerwartet und unvorhergesehen." Danach lässt er Grüße an die Familie und seinen Segen für Canale ausrichten.

Im Herzen Journalist

Mit großem Interesse sah Luciani die wichtigsten Tageszeitungen und Zeitschriften durch; dem Beruf des Journalisten galt seine heimliche Liebe. Im Laufe der Jahre hatte er sich aus vielen Notizen und ausgeschnittenen Artikeln ein kleines Privatarchiv zugelegt, das er sich nach seiner Wahl zum Papst gleich nachkommen ließ.

Das außergewöhnlichste Konklave der Geschichte

Kardinal Giovanni Benelli aus Florenz deutete dem italienischen Fernsehen in einfachen Worten das Geheimnis dieser raschen Wahl: „Die Wähler kamen von allen Enden der Erde, sie repräsentierten sämtliche Kulturen, sie hatten die verschiedensten Mentalitäten ... In einem einzigen Tag haben sie sich auf einen Namen geeinigt. Weshalb? Weil sie vom Heiligen Geist gelenkt worden sind."
Die Wahl Albino Lucianis – ein Werk des Heiligen Geistes? Mehrere Kardinäle waren davon überzeugt. Kardinal Pablo Muñoz Vega

sah im Ereignis vom 26. August „das außergewöhnlichste Konklave der Geschichte“ und die Wahl „charismatisch“. Kardinal Basil Hume von Westminster, London, war der Meinung, dass „dabei ohne Zweifel der Finger Gottes“ im Spiel gewesen sei, während Kardinal Franz König aus Wien von einem „moralischen Wunder“ sprach.

Ein Bistum voller Propheten

Die Menschen von Vittorio Veneto liebten ihren Bischof Luciani. Als sie nach seiner Wahl zum Papst in einer Audienz empfangen wurden, erklärten sie ihm, sie seien sicher gewesen, dass er nach dem Tod Papst Pauls VI. dessen Nachfolger würde. Darauf lachte der neue Papst und scherzte: „Ich wusste ja immer, dass ihr besondere Qualitäten habt. Doch dass ihr auch die Prophetengabe habt, das wusste ich bisher nicht.“

Nicht so viele Worte machen!

Am 1. September sprach Johannes Paul I. zu den Journalisten. Manchmal wich er in seiner Ansprache vom offiziellen Text ab und erzählte einige Anekdoten, so auch die, wie er erstmals mit Papst Johannes XXIII. zusammengetroffen sei und dieser ihn später bei seinem

Vorgesetzten als liebenswürdigen Menschen gelobt habe. Doch der Papst habe ihn ja gar nicht kennenlernen können, meine Albino Luciani. „Er hat ja unentwegt geredet!“ Als der neue Papst nach der Audienz durch die Reihen ging, hielt ihm ein Reporter aus Argentinien das Mikrofon hin und bat ihn, den Argentiniern ein Wort zu sagen. Der Papst lachte schelmisch, legte einen Finger auf die Lippen und sagte deutlich „Pssst“ zur Erheiterung der anderen Reporter.

Nichts zu sehen

Kam der Heilige Vater zu Fuß in die Audienzhalle, schüttelte er Hunderte Hände und winkte den Menschen zu. Diejenigen, welche die hintersten Plätze eingenommen hatten, sahen nur ganz entfernt etwas Weißes, einen richtigen Blick auf den Papst konnten sie nicht erhaschen. Da erreichten ihn zahlreiche Briefe: „Bitte benutzen Sie wieder den Tragsessel. Wir sehen Sie gar nicht!“ Widerwillig ließ Johannes Paul I. den Thronsessel, die Sedia gestatoria, wieder hervorholen, auf dem er erhöht und gut sichtbar in die Audienzhalle getragen wurde. Dieser pompöse Thronsessel war ein Bestandteil des päpstlichen Zeremoniells, den er schon glaubte, erfolgreich abgeschafft zu haben.

Warten auf den Papst

Am Tag seiner Amtsübernahme, am 3. September 1978, wartete die Menge auf dem Petersplatz auf das Erscheinen des neuen Papstes. Die Kardinäle, die Bischöfe, die Gläubigen, die Fernsehanstalten – alle waren versammelt. Doch der Papst kam nicht. Schließlich stöberte man ihn am Grab seines Vorgängers Paul VI. auf. Albino Luciani war aus der vatikanischen Krypta wie aus einer anderen Welt vor die Menge getreten. Er sagte nur die Worte: „Qua giù c'è pace!" – Hier unten ist Friede.

Don Camillo im Vatikan

Die renommierte französische Tageszeitung „Le Monde" bescheinigte Albino Luciani, „auf hohe theologische Gedankensprünge" verzichtet zu haben, allerdings schränkte sie fälschlicherweise ein, dass er „nicht jene intellektuelle und theologische Bildung wie sein Vorgänger" habe.

Als Albino Luciani die Nachfolge Papst Pauls VI. angetreten hatte, meinte die ebenfalls französische Zeitschrift „Minute" zu wissen, der neue Papst sei ein „Don Camillo im Vatikan". Zwar war Albino Luciani ein Mann mit schwächlicher Stimme, doch konnten seine Augen schalkhaft aufblitzen, und die Weisheit seiner Worte ließ erkennen, dass hier ein gebildeter, gelehrter und gereifter Mann Gottes die Führung der katholischen Kirche übernommen hatte.

Plauderei bei der Predigt

Wie sich die in seinem Wahlspruch beschworene Demut äußerte? Eine echte, unverkrampfte Demut hat immer etwas Kindliches an sich. Johannes Paul I. fühlte sich Kindern nahe. Schon früher hatte er bei Predigten oft ein Kind zu sich gerufen und sich mit ihm unterhalten. Als Papst machte er es genauso; seine improvisierten Dialoge werden sich den meisten Audienzbesuchern tiefer eingeprägt haben, als es ein abgelesenes Redemanuskript je vermocht hätte.

„Also, wie heißt du?“, fragte er einen Messbuben aus Malta, den er zu sich gerufen hatte. – „James.“ – „Sag, James, bist du schon einmal krank gewesen?“ – „Nein.“ – „Du warst noch nie krank?“– „Nein.“ Schwierige Situation; das Gespräch läuft anders, als alle erwartet hätten. Aber der Papst weiß sich zu helfen und lockt ihm doch noch die Antwort heraus, auf die es ihm ankam: „Du Glücklicher. Aber wenn ein Kind krank ist, wer bringt ihm dann das Essen und die Medizin?“ – „Die Mutter.“ – „Na also. Dann wirst du groß, und die Mutter wird alt. Und wenn die arme Mutter krank im Bett liegt, wer bringt ihr dann das Essen und die Medizin?“ – „Ich und meine Geschwister.“ Und genau darauf wollte der Papst als Katechet hinaus: auf das vierte Gebot, auf die Liebe zu den Eltern.

Besucherandrang

Während der wenigen Worte von Papst Johannes Paul I. zum sonntäglichen Angelus und bei den großen Audienzansprachen sprang der Funke über, der so viel Sympathie, ja Begeisterung für diesen Papst und „Pfarrer für die Welt“ entzündete. Die Generalaudienzen waren überfüllt; die vierte, die seine letzte sein sollte, musste doppelt gehalten werden: zuerst im Petersdom mit über fünftausend Pilgern aus den deutschsprachigen Ländern und dann noch einmal in der Audienzhalle.

Hat seine Sache gut gemacht

Edoardo Luciani, der Bruder des Papstes, weilte gerade in Australien, wohin er mit einer Delegation der Handelskammer von Venetien gereist war, als er die Nachricht vom Tod seines Bruders erhielt.

Als er nach den dreiunddreißig Tagen des Pontifikates seines Bruders gefragt wurde, antwortete er: „Sein Wirken war von kurzer Dauer, aber mir scheint, er hat seine Rolle gut gespielt. In den Plänen der Vorsehung haben auch Rollen von kurzer Dauer ihre Bedeutung.“

Abschied vom Bruder

Am 26. September, dem Tag von Edoardos Abreise nach Australien, waren sich die beiden Brüder zum letzten Mal begegnet. Sie aßen zusammen zu Mittag. „Wir haben miteinander geredet wie zwei Brüder, die einander gernhaben. Er hat mich gefragt, wie es meiner Familie gehe“, erinnerte sich Edoardo Luciani, „und hat sich nach jedem Kind erkundigt. Ich habe die Nacht im Vatikan, in einer Mansarde oberhalb der Papstwohnung, zugebracht. Ich erwachte früh und konnte nicht wieder einschlafen.“ Edoardo traf seinen Bruder in der Papstkapelle. Sie beteten miteinander, der Papst feierte die heilige Messe und reichte dem Bruder die Kommunion. Nach dem Frühstück mussten sie sich verabschieden. Edoardo erhielt einen freundschaftlichen Klaps auf die Schulter: „Auf Wiedersehen, Edoardo.“

Wenn mir das einer gesagt hätte!

Humorvolle Aussprüche

Rettungsring für den Papst

In Venetien sagt man: Jeder gute Dieb hat seinen Heiligen. Auch der Papst hat so ein paar Heilige, darunter Gregor den Großen, dessen Fest auf den heutigen Tag fällt ... Er hat sehr schöne Bücher geschrieben, unter ihnen die „Pastoralregel". Sie belehrt die Bischöfe über ihre Aufgaben, aber im letzten Teil finden sich die Worte: „Ich habe den Guten Hirten beschrieben, aber ich bin keiner; ich habe das Ufer der Vollkommenheit gezeigt, aber ich selbst kämpfe noch gegen die Sturzwellen meiner Fehler, meiner Nachlässigkeiten; darum – sagte er – tut mir den Gefallen und werft mir euer Gebet als Rettungsring zu, damit ich nicht untergehe." Dasselbe sage ich euch.
Angelus am 3. September

Gestern noch einfacher Priester

Bei der gestrigen Feier konnten wir nur einen kurzen Gruß an Sie richten. Heute bietet sich uns die Gelegenheit, Ihnen die Freude und Bewegung auszudrücken, die Sie uns durch die Ehre der Teilnahme an der feierlichen Eröffnung unseres Pontifikats bereitet haben. Wir schulden zunächst Ihnen selbst, damit aber auch den Staaten und internationalen Organisationen, die Sie repräsentieren, lebhaften Dank.

Die ehrende Anerkennung seitens so vieler Nationen ist sehr schön und ermutigend. Nicht dass wir sie persönlich verdient hätten: Gestern noch waren wir nicht mehr als ein Priester und Bischof einer italienischen Provinz, der all seine Kräfte und Fähigkeiten dem ihm anvertrauten Apostolat gewidmet hat. Und heute sehen wir uns plötzlich auf den Stuhl des hl. Petrus berufen. Wir sind Erben seiner großen Sendung vor allen Völkern, einer Sendung, die ihm aus reiner Gnade durch die Hand unseres Herrn Jesus Christus übertragen wurde, der nach dem Glauben der Christen Sohn Gottes und Heiland der Welt ist. Wir denken oft an das Wort des Apostels Paulus: „Diesen Schatz tragen wir in irdenen Gefäßen, damit das Übermaß der Kraft von Gott und nicht von uns kommt“ (2 Kor 4,7). Zum Glück sind wir nicht allein: Wir handeln in Gemeinschaft mit den katholischen Bischöfen der ganzen Welt.

Was uns also erfreut, ist, dass Ihre Huldigung

– über das Wohlwollen für unsere Person hinaus – in unseren Augen die ständige Anziehung und Faszination beweist, die das Evangelium und die Dinge Gottes in unserer ganzen Welt besitzen. Sie drückt die Hochschätzung und das Vertrauen aus, das die Kirche und der Hl. Stuhl bei ihren vielfältigen Aktivitäten auf dem eigentlich geistlichen Gebiet wie im Dienst der Gerechtigkeit, der Entwicklung und des Friedens genießen. Dem ist hinzuzufügen, dass die Tätigkeit der letzten Päpste, vor allem unseres verehrten Vorgängers Paul VI., zu dieser internationalen Anerkennung einen besonderen Beitrag geleistet hat.

Was uns betrifft, so sind wir bereit, dieses selbstlose Werk nach Möglichkeit fortzusetzen und unsere Mitarbeiter, die sich damit befassen, zu unterstützen. Wenn wir auch nicht all Ihre Länder persönlich kennen und zu unserem Bedauern nicht mit jedem von Ihnen in seiner Muttersprache sprechen können, steht unser Herz trotzdem allen Völkern und allen Rassen offen in dem Wunsch, dass alle ihren Platz im Miteinander der Nationen finden. Mögen sie alle die Gaben, die Gott ihnen gegeben hat, in Frieden und Gnade zum besseren Verständnis und zur Solidarität den anderen gegenüber entwickeln. Nichts von dem, was wahrhaft menschlich ist, wird uns fremd sein. Wir besitzen für die großen Weltprobleme ge-

wiss keine Wunderlösungen, aber wir können einen sehr wertvollen Beitrag leisten: einen Geist, der hilft, die Probleme zu entwirren und in den entscheidenden Zusammenhang zu stellen, nämlich die Liebe aller zu allen und die Öffnung für die transzendenten Werte, das heißt die Öffnung zu Gott hin. Wir werden versuchen, diesen Dienst in einer einfachen, klaren und unbefangenen Sprache zu leisten.
Ansprache an die Repräsentanten der Staaten und internationalen Organisationen am 4. September

Wein im Tank

Die Gebote sind schon etwas schwieriger, bisweilen sehr schwierig zu befolgen; aber Gott hat sie uns nicht aus einer Laune heraus, nicht zu seinem, sondern einzig und allein zu unserem Besten gegeben. Einmal wollte einer ein Auto kaufen. Der Händler redete auf den Mann ein: „Schauen Sie, welche Leistung dieser Wagen bringt; Sie müssen ihn gut behandeln: Super in den Tank und gutes Öl fürs Getriebe."
Der andere aber entgegnete: „Damit Sie es wissen, ich kann weder Benzin noch Öl riechen; in den Tank werde ich Schaumwein gießen, den ich sehr gerne habe, und das Getriebe werde ich mit Marmelade schmieren."

„Machen Sie, was Sie wollen, aber beschweren Sie sich nicht bei mir, wenn Sie mit Ihrem Wagen im Graben landen!“ – Ähnlich hat es der Herr mit uns gemacht: Er hat uns diesen Körper geschenkt, belebt von einer Geistseele und einem guten Willen. Er hat gesagt: Der Motor ist gut, aber du musst ihn gut behandeln. Dazu eben sind die Gebote da: Du sollst Vater und Mutter ehren; du sollst nicht töten; du sollst nicht zürnen, sondern feinfühlig sein; du sollst nicht lügen, nicht stehlen ... Wenn wir imstande wären, die Gebote zu befolgen, ginge es uns und der Welt besser.
Ansprache bei der ersten Generalaudienz am 6. September

Gewiss kein Engel

Ich laufe Gefahr, jetzt etwas Ungewöhnliches zu sagen, will es aber trotzdem tun: Der Herr liebt die Demut so sehr, dass er manchmal schwere Sünden zulässt. Warum? Weil jene, die diese Sünden begangen haben, dann reuig und demütig werden. Keiner wird sich für einen halben Heiligen oder halben Engel halten, wenn er weiß, dass er schwer gefehlt hat.
Generalaudienz vom 6. September

Die Ehe ist (nicht) wie ein Käfig

Die Anwesenheit neuvermählter Ehepaare freut mich ganz besonders, denn die Familie ist etwas Großes. In einem Zeitungsartikel, den ich einmal schrieb, erlaubte ich mir zu scherzen, indem ich den französischen Schriftsteller Montaigne zitierte, der sagte: „Die Ehe ist wie ein Käfig: Die draußen sind, tun alles, um hineinzukommen; die drinnen sind, tun alles, um herauszukommen." Doch einige Tage später erhielt ich den Brief eines alten Schulinspektors, der Bücher verfasst hatte und mir vorwarf: „Exzellenz, es war nicht richtig von Ihnen, Montaigne zu zitieren. Ich und meine Frau sind seit 60 Jahren verheiratet, und jeder Tag ist wie der erste." Und er zitierte einen anderen französischen Dichter: „Ich liebe dich jeden Tag mehr, heute mehr als gestern, aber weniger als morgen." Ich wünsche euch, dass es bei euch genauso sein möge.

Ansprache bei der ersten Generalaudienz am 6. September

Ich brauche meine Ruhe

Mir passierte es einmal, dass ich auf dem Mailänder Bahnhof einen Gepäckträger sah, der seinen Kopf auf einen Sack voll Kohlen gelegt

hatte und an einem Pfeiler selig schlief. Die Züge fuhren pfeifend ab und kamen quietschend an, aus den Lautsprechern ertönten fortwährend laute Hinweise, die Leute kamen und gingen unter großem Lärm – er aber schlief weiter und schien zu sagen: „Macht, was ihr wollt, ich brauche meine Ruhe!"
Ähnliches müssen wir Priester tun. Um uns herum ist ständig Unruhe, Stimmen der Menschen, der Zeitungen, des Radios, des Fernsehens. In dem Maß und mit der Disziplin, die dem Priester ziemen, müssen wir sagen: „Jenseits bestimmter Grenzen existiert ihr für mich nicht. Ich brauche für meine Seele ein wenig Stille. Ich trenne mich von euch, um mich mit Gott zu vereinigen." Viele gute Gläubige haben heutzutage den Wunsch, ihren Priester immer mit Gott vereint zu sehen. Sie argumentieren wie jener Advokat aus Lyon, der von einem Besuch beim Pfarrer von Ars zurückkehrte. Man fragte ihn: „Was hast du in Ars gesehen?" Seine Antwort: „Ich habe Gott in einem Menschen gesehen."
Ansprache an den Klerus der Diözese Rom am 7. September

Unruhe des Geistes

Seit zwanzig Jahren bin ich Bischof. Manchmal tat es mir leid, dass ich nicht jemand

belohnen konnte, der es verdient hätte. Entweder fehlte eine geeignete Stelle oder ich wusste nicht, wie ich die betreffende Person ersetzen könnte, oder widrige Umstände kamen dazwischen. Anderseits hat der hl. Franz von Sales geschrieben: „Es gibt keinen Beruf, der nicht seine Unannehmlichkeiten, seine Bitterkeiten und Widerwärtigkeiten hätte. Abgesehen von denen, die sich ganz dem Willen Gottes ergeben haben, möchte jeder gern seine eigenen Lebensverhältnisse mit denen der anderen tauschen. Wer Bischof ist, möchte es nicht sein, wer verheiratet ist, möchte es nicht sein, und der es nicht ist, möchte es sein. Woher stammt jene allgemeine Unruhe des Geistes, wenn nicht aus einer gewissen Allergie gegenübel dem Zwang und aus dem unguten Geist, der uns annehmen lässt, es gehe den anderen besser als uns?"
Ich habe schlicht und einfach zu euch gesprochen und bitte, dafür Verständnis zu haben. Ich kann euch aber versichern, dass ich euch, seit ich euer Bischof bin, sehr gernhabe. Und aus einem Herzen voll Liebe erteile ich euch den Apostolischen Segen.

Ansprache an den Klerus der Diözese Rom am 7. September

Blinder Glaube

Papst Johannes hat einmal gesagt – und es wurde dann auch gedruckt: „Diesmal habe ich die sieben Leuchten der Heiligung zum Thema meiner geistlichen Einkehr gewählt." Er meinte die sieben Tugenden, nämlich: Glaube, Hoffnung, Liebe, Klugheit, Gerechtigkeit, Tapferkeit, Mäßigung. Wer weiß, vielleicht hilft der Heilige Geist heute dem armen Papst, wenigstens eine dieser Tugenden, den Glauben, zu erläutern. Hier in Rom lebte ein Dichter namens Trilussa, der ebenfalls versucht hat, über den Glauben zu sprechen. In einem seiner Gedichte sagt er: „Eines Abends, im Wald verirrt, traf ich eine Alte. ‚Den Weg', sprach sie, ‚den kennst du nicht? Ich kenn ihn gut, so folge mir. Wenn's dir nicht fehlt an Mut, komm mit, folg meinem Ruf bis dort, wo vorn das Kreuz am Hügel steht.' Ich sagte drauf: ‚Nur zu, doch scheint's mir sonderbar, wenn jemand mir vorangehn soll, der gar nichts sieht.' Und blindlings griff sie meine Hand und seufzte leis: ‚So komm!' – Der Glaube war's." –

Als Gedicht hübsch, als Theologie mangelhaft. Mangelhaft, weil Gott der große Regisseur ist, wenn es sich um den Glauben handelt.

Ansprache der Generalaudienz am 13. September

Sechs Sakramente und eine Falle

Auch eine Gruppe junger Eheleute sehe ich. Sie haben ein großes Sakrament empfangen. Wir wünschen, dass dieses Sakrament Vermittler nicht nur der Güter dieser Welt, sondern noch mehr der geistlichen Gnaden sei. Im vorigen Jahrhundert lehrte an der Sorbonne der große Professor Fredric Ozanam. Er war ein hervorragender Redner. Und wie! Sein Freund war Lacordaire, der sagte: „Er ist so tüchtig, er ist so gut. Ganz bestimmt wird er Priester und ein großer Bischof!" Nein! Er begegnete einem braven Mädchen, und sie heirateten. Lacordaire passte das nicht, und er sagte: „Armer Ozanam! Auch er ist in die Falle gegangen!"

Zwei Jahre später kam Lacordaire nach Rom und wurde von Pius IX. empfangen. „Kommen Sie, Pater, kommen Sie! Ich hatte immer gehört, Jesus habe sieben Sakramente eingesetzt. Nun verdrehen Sie mir alles: Sie sagen mir, er habe sechs Sakramente eingesetzt und eine Falle! Nein, Pater, die Ehe ist keine Falle, sie ist ein großes Sakrament!" Und deshalb wollen wir diesen lieben Eheleuten nochmals unsere Wünsche aussprechen: Möge der Herr sie segnen!

Ansprache der Generalaudienz am 13. September

Denkt an Pinocchio!

Am kommenden Dienstag gehen zwölf Millionen Mädchen und Jungen wieder in die Schule. Der Papst hofft, sich nicht unbefugt in den Aufgabenbereich des Ministers Pedini einzumischen, wenn er den Lehrern und Schülern dazu alles Gute wünscht.

Die italienischen Lehrer können auf klassische Beispiele vorbildlicher Anhänglichkeit und Hingabe an die Schule in der Vergangenheit zurückblicken.

Giosu Carducci war Universitätsprofessor in Bologna. Einmal begab er sich anlässlich einer Feier nach Florenz. Abends verabschiedete er sich vom Unterrichtsminister: „Aber nein“, sagte der Minister, „bleiben Sie bitte bis morgen.“ – „Exzellenz, ich kann nicht. Morgen habe ich Vorlesungen an der Universität, und die Jungen warten auf mich.“ – „Davon dispensiere ich Sie!“ – „Sie können mich dispensieren, aber ich dispensiere mich nicht.“ Professor Carducci hatte wirklich eine hohe Auffassung sowohl von der Schule wie von den Studenten. Er gehörte zur Kategorie derer, die sagen: „Um dem John das Latein beizubringen, muss man nicht nur Latein können, sondern auch diesen John kennen und lieben.“ Und weiter: „Der Unterricht ist so viel wert wie die Vorbereitung darauf.“

Die Grundschüler möchte ich an ihren Freund Pinocchio erinnern: nicht an den, der eines Tages die Schule schwänzte, um sich das Kasperletheater anzusehen, sondern an den, der so sehr Geschmack an der Schule fand, dass er das ganze Schuljahr hindurch jeden Tag der Erste in der Klasse und der Letzte beim Hinausgehen war.
Meine besonders herzlichen Wünsche gehen aber an die Schüler der Mittel-, vor allem der höheren Schulen. Sie haben nicht nur ihre Probleme in der Schule, sondern auch nach der Schule. Ob nun in Italien oder in den anderen Nationen der Welt – es sieht heute so aus: offene Türen für alle, die die höheren Schulen oder die Universität besuchen wollen; aber wenn sie ihr Abgangszeugnis am Gymnasium oder an der Universität haben und die Schule verlassen, gibt es für sie nur ganz geringe Möglichkeiten. Sie finden keine Arbeit und können keine Familie gründen. Das sind Probleme, die die Gesellschaft von heute ernsthaft studieren muss, um Lösungen zu finden.
Auch der Papst war Schüler am Gymnasium und an der Universität. Aber ich hatte nur meine Jugend und unsere Pfarrei im Kopf. Da ist keiner gekommen und hat mir gesagt: „Du wirst einmal Papst werden!" O, wenn mir das einer gesagt hätte! Wenn mir das einer gesagt

hätte, hätte ich mehr studiert und mich besser vorbereitet. Jetzt aber bin ich alt und habe keine Zeit mehr dazu.
Aber ihr, meine lieben Jugendlichen, die ihr noch in der Ausbildung steht, ihr seid jung, ihr habt noch Zeit, ihr besitzt die Jugend, die Gesundheit, das Gedächtnis, die Begabung: Versucht, aus all dem etwas zu machen. Aus euren Schulen geht die Führungsschicht von morgen hervor. Einige von euch werden einmal Minister, Abgeordnete, Senatoren, Bürgermeister, Beigeordnete oder auch Ingenieure, Chefärzte, und als solche werdet ihr wichtige Positionen in der Gesellschaft einnehmen.
Und wer heute eine Position innehat, braucht die nötige Fachkenntnis und muss sich vorbereiten. General Wellington, der Napoleon besiegt hat, wollte bei seiner Rückkehr nach England die Militärschule besuchen, wo er studiert und wo er sich vorbereitet hatte. Zu den Offiziersschülern sagte er: „Seht, hier wurde die Schlacht von Waterloo gewonnen!“ Und so sage ich euch, liebe Jugendliche: Ihr werdet eure Schlachten mit dreißig, vierzig und fünfzig Jahren zu bestehen haben, aber wenn ihr siegen wollt, dann müsst ihr jetzt anfangen, euch jetzt vorbereiten, euch jetzt dem Studium und der Schule widmen.
Bitten wir den Herrn, dass er den Lehrern, Schülern und Studenten, aber auch den Fami-

lien helfe, die sich um die Schule mit dem gleichen Interesse Sorge machen wie der Papst.
Ansprache zum Angelus am 17. September

Alles in fröhliches Lächeln verwandeln

Der hl. Thomas von Aquin reiht unter die Tugenden auch die „Iucunditas“ ein, das heißt, die Fähigkeit, das, was man gehört und gesehen hat, soweit möglich, in fröhliches Lächeln zu verwandeln. Diese Art Lächeln – so erklärte ich meinen Schülern – besaß jener irische Maurer, der vom Gerüst fiel und sich die Beine brach. Nach seiner Einlieferung ins Krankenhaus eilten ihm Arzt und Krankenschwester zu Hilfe. „Ärmster“, sagte sie. „Sie haben sich beim Herunterfallen verletzt.“ Darauf der Patient: „Genau gesagt, Schwester, nicht beim Fallen, sondern beim Aufschlagen auf dem Boden.“ Wenn er das Scherzen und Zum-Lächeln-Bringen zur Tugend erklärt, befindet sich der hl. Thomas im Einklang mit der „frohen Botschaft“, die Christus gepredigt hat, und mit der „hilaritas“, dem Frohsinn, wie ihn der hl. Augustinus empfiehlt. Damit überwand er den Pessimismus, bereicherte er das christliche Leben um die Freude und lud uns ein, nicht zuletzt aufgrund der gesunden, reinen Freuden, auf unserem Weg Mut zu fassen.

Als Knabe habe ich etwas über den Schotten Andrew Carnegie gelesen, der mit seinen Eltern nach Amerika auswanderte und einer der reichsten Männer der Welt wurde. Er war nicht katholisch, doch mich beeindruckte, dass er nachdrücklich auf die reinen und echten Freuden seines Lebens zurückkam. „Ich bin in Armut geboren“, sagte er, „aber ich möchte die Erinnerungen an meine Kindheit nie mit denen der Millionärssöhne tauschen. Was wissen die von den Freuden der Familie, von der liebevollen Gestalt der Mutter, die Kindermädchen, Wäscherin, Köchin, Lehrerin, Engel und Heilige in einer Person ist?“ Er war in ganz jungen Jahren in einer Spinnerei in Pittsburg für ganze 56 Lire im Monat beschäftigt. Eines Abends ließ ihn der Kassierer warten, statt ihm seinen Lohn gleich auszuzahlen. Carnegie zitterte: „Jetzt werden sie mich entlassen.“ Doch nach Auszahlung der anderen sagte der Kassierer zu ihm: „Andrew, ich habe deine Arbeit aufmerksam verfolgt. Ich bin zu dem Schluss gekommen, dass sie mehr wert ist als die der anderen. Ich erhöhe dir deinen Lohn auf 67 Lire.“ Carnegie rannte nach Hause, wo die Mutter vor Freude über die Verbesserung ihres Sohnes weinte. „Redet nur über Millionäre“, sagte Carnegie viele Jahre später, „alle meine Millionen zusammen haben mir nicht so viel Freude bereitet wie jene elf Lire

Lohnerhöhung." Sicher, diese guten und ermutigenden Freuden darf man nicht verabsolutieren; sie sind etwas, nicht alles; sie dienen als Mittel, sind aber nicht das letzte Ziel; sie dauern nicht ewig, sondern nur kurze Zeit.
Generalaudienz am 20. September

Noch Anfänger

Obwohl wir im päpstlichen Amt noch neu, ja geradezu Anfänger sind, möchten wir Themen wählen, die das Leben der ganzen Kirche berühren und auch für euer Bischofsamt von großer Bedeutung sind. Wir glauben, dass die christliche Familie ein guter Anfang wäre. Die christliche Familie ist so wichtig und ihre Rolle bei der Umgestaltung der Welt und beim Aufbau des Gottesreiches so grundlegend, dass das Konzil von ihr als einer „Hauskirche" gesprochen hat (Lumen gentium, Nr. 11).
Ansprache beim „ad-limina"-Besuch der Bischöfe der XII. Pastoralregion Nordwest der USA am 21. September

Ross und Reiter

Die zweite Lesung (Hebr 13,7-8.15-17.20-21) wendet sich an die Gläubigen Roms. Wie bereits gesagt, hat sie der Zeremoniar ausgewählt. Ich muss gestehen, sie bringt mich, weil

sie vom Gehorsam spricht, ein wenig in Verlegenheit. Es ist heute so schwierig zu überzeugen, wenn man die Rechte der menschlichen Person den Rechten der Autorität und des Gesetzes gegenüberstellt! Im Buch ist von einem Schlachtross die Rede: Es springt wie ein Heuschreck und wiehert; es scharrt mit dem Huf die Erde, dann bäumt es sich wieder auf; als die Trompete ertönt, wiehert es vor Freude; es wittert von ferne den Kampf, die Rufe der Führer und das Geschrei des Heeres (vgl. Ijob 39,15-25). Ein Symbol der Freiheit. Die Autorität hingegen ähnelt dem klugen Reiter, der das Ross besteigt und bald mit leiser Stimme, bald unter klugem Einsatz der Sporen und der Peitsche es anspornt oder seinen ungestümen Lauf mäßigt, es zügelt und anhält. Ross und Reiter, Freiheit und Autorität in Einklang zu bringen, ist zu einem gesellschaftlichen Problem geworden. Auch zu einem Problem der Kirche.
Beim Konzil hat man, im vierten Kapitel von Lumen gentium, den Versuch gemacht, es zu lösen. Die Konzilsanweisungen für den „Reiter" lauten: „Die geweihten Hirten wissen sehr gut, wie viel die Laien zum Wohl der ganzen Kirche beitragen. Sie wissen ja, dass sie von Christus nicht bestellt sind, um die ganze Heilsmission der Kirche an der Welt allein auf sich zu nehmen, sondern dass es ihre vornehmliche Aufgabe ist, die Gläubigen so als Hirten zu führen

und ihre Dienstleistungen und Charismen so zu prüfen, dass alle in ihrer Weise zum gemeinsamen Werk einmütig zusammenarbeiten" (Lumen gentium, Nr. 30). Und weiter: Die Hirten wissen auch, „dass in den Entscheidungsschlachten manchmal gerade von der Front die glücklichsten Initiativen ausgehen" (Lumen gentium, Nr. 37, Anm. 7). Hier findet sich aber auch eine Weisung des Konzils für das „edle Ross", also für die Laien: „Die Gläubigen aber müssen dem Bischof anhangen wie die Kirche Jesus Christus und wie Jesus Christus dem Vater" (Lumen gentium, Nr. 27).
Homilie beim feierlichen Gottesdienst anlässlich der Besitzergreifung der Lateranbasilika als Bischof von Rom am 23. September

Ein Blick für das Gute

In diesen Tagen ist auch der Fall des Luca Locci wieder aufgetaucht, eines siebenjährigen Jungen, der vor drei Monaten entführt wurde. Man hört die Leute oft sagen: „Wir leben in einer völlig kaputten, völlig ehrlosen Gesellschaft." Das stimmt nicht. Es gibt noch so viele gute, ehrenhafte Menschen.
Trotzdem, wie kann man diese Gesellschaft bessern? Ich würde sagen, jeder von uns sollte versuchen, selbst gut zu sein und die anderen mit einer Güte anstecken, die ganz von der

Freundlichkeit und Liebe, die uns Christus gelehrt hat, durchtränkt ist. Die goldene Regel Christi lautet zusammengefasst so: „Den anderen nichts antun, was du nicht möchtest, dass man dir tue. Den anderen das tun, was du möchtest, dass man dir tue. Lerne von mir, der ich freundlich und demütig von Herzen bin." So hat er immer wieder gesagt. Am Kreuz hat er seinen Henkern nicht nur verziehen, sondern sie entschuldigt. Er sagte: „Verzeiht ihnen, denn sie wissen nicht, was sie tun." Das ist Christentum. Das sind die Empfindungen, die, in die Praxis umgesetzt, die Gesellschaft heilen würden.

Zum Angelus am 24. September

Immer heiter: Ihr ergebener Albino Luciani

Briefe von Johannes Paul I.

Albino Luciani hat mehrfach bekundet, dass er, wenn er nicht Priester geworden wäre, auch am Beruf des Journalisten Spaß gehabt hätte. Da er eine Vorliebe für Literatur hatte, begann er, fiktive Briefe an Persönlichkeiten aus der griechischen Mythologie, aus der Märchenwelt, aber auch an große Heilige zu schreiben. Am Ende richtete er sogar ein Schreiben an Jesus. Als Papst fand er leider nicht mehr die Zeit, diesem Hobby nachzugehen. Er widmete sich ihm hauptsächlich in den Jahren als Priester und Bischof. Die Briefe fanden zahlreiche Leser; sie wurden zunächst in Zeitungen, später in Büchern veröffentlicht.

Lieber Bär des heiligen Romedius!

„Jeder brave Gauner hat seine Bestauner", heißt es bei uns. Deswegen sagte ich mir, als ich vor einem Monat durch das Nonstal fuhr: „Zwei Kilometer von hier, am Ende eines kleinen Seitentals, zwischen hohen Felsen, die an

die Calions des Colorado erinnern, liegt die Wallfahrtskirche des heiligen Romedius. Deine Großeltern sind zu Fuß dorthin gelaufen, 20 km und mehr; fahr du doch wenigstens mit dem Auto hin!“ Und das habe ich getan.
Es hat mich schon beeindruckt, dieses Heiligtum mit den sechs Kirchen, die darüber errichtet sind, und der Terrasse, die die eindrucksvolle Schlucht beherrscht. Interessant vor allem die Figur des Eremiten und die Erinnerungen an ihn! Aber auch du, lieber Bär, bist sympathisch! Die Statue von Perathoner zeigt dich sanft dreinblickend und gezähmt, vom Heiligen am Halsband gehalten. Man hat mir erzählt, dass Romedius – der Legende nach – auf der Rückkehr von seiner Pilgerreise nach Rom mit seinen treuen Gefährten Abraham und David Rast hielt. Nach einer Weile sagt er zu David: „Wir müssen weiterziehen. Hol unsere Pferde, die in der Nähe weiden!“ Der Begleiter kehrt völlig außer sich wieder: Ein Bär verschlingt soeben das Pferd des Romedius. Der Heilige aber geht ruhig zum Schauplatz deiner Übeltat, mein lieber Bär, und sagt ganz gelassen zu dir: „Man sieht, du hattest Hunger! Friss ruhig mein Pferd auf. Wohl bekomm’s! Aber du musst auch wissen, dass ich es nicht schaffe, zu Fuß nach Hause zu kommen; also wirst du mein Pferd sein!“ Sprach’s und legte dir den Sattel, das Zaumzeug und

die Steigbügel des toten Pferdes an, stieg auf deinen Rücken, als wärest du das friedfertigste Maultier dieser Welt, und auf ging's nach Trient. – Auf dem Rückweg vom Wallfahrtsort – ob du es glaubst oder nicht – betete ich: „Herr, zähme auch mich, lass mich mehr Diener sein und weniger Bär." Sei mir nicht böse wegen dieses Gebets: Für uns Menschen seid ihr schwarzen und braunen Bären mit eurem langen Körper, den kräftigen Tatzen und dem dicken Fell etwas unbeholfene und unelegante Gesellen. Im Vergleich zu euch halten wir uns für außerordentlich anziehend, behende und zierlich. Wenn du zu tanzen beginnst, wirkst du plump und machst dich lächerlich, während unser Tanz ein Wunder an Anmut und Wohlklang ist, und unsere Tänzerinnen sind so leicht und graziös, dass sie auf den Blumen der Wiesen tanzen könnten, ohne sie zu knicken.
Und doch war ich gestern versucht, mein Gebet vom vergangenen Monat umzudrehen: „Herr, gib, dass wir alle Bären werden!" Ich hatte mir nämlich schlimme Flüche anhören müssen. „Was soll das eleganteste Kleid", sagte ich mir, „Schuhe und Krawatte nach der letzten Mode und eine todschicke Frisur, wenn aus unserem Mund so vulgäre Worte kommen? Besser plump sein wie ein Bär als schlechte Reden führen!" Dabei ist das Fluchen in Itali-

en ein weit verbreitetes Phänomen, eine wahre Epidemie: 15 Millionen Italiener fluchen gewohnheitsmäßig, insgesamt eine Milliarde Mal am Tag. Ein Teil dieser Reden ähnelt von ihrer Psychologie her dem „verachtenswerten und finsteren" Capaneo Dantes, der Gott mit wilden, höhnischen Worten herausforderte. Andere verwässern ihre blasphemischen Aussprüche ein wenig. „Gibt es noch einen Gott?", sagen sie. „Hör auf, mir von einem guten und gerechten Gott erzählen zu wollen!" – „Die Religion ist nur ein großer Betrug!" – „Der Teufel weiß mehr als der liebe Gott!" Glücklicherweise denkt und empfindet manch einer anders, als seine Worte vermuten lassen, und oft steckt keineswegs die Absicht dahinter, Gott zu beleidigen.

Einige Zeitgenossen lassen sich bei der Wahl ihrer Worte durch Unüberlegtheit, Sorgen oder einfach Unwissenheit leiten, wie es bei Irene Papovna war, die in Moskau ein Examen für eine Stelle an der höheren Handelsschule ablegen musste. Sie sollte einen Aufsatz mit folgendem Thema schreiben: „Analysieren Sie die Inschrift auf dem Grabmal Lenins." Die kleine Lehrerin erinnerte sich nicht genau, lautet nun die Inschrift „Die Religion ist Opium für das Volk" oder nicht? Was soll sie tun? Sie riskierte es, nimmt Stellung zu diesem Satz und läuft, als sie den Aufsatz abgegeben

hat, zum Roten Platz, vor das Mausoleum Lenins, um sich zu vergewissern, ob es der richtige war. Tatsächlich, sie hat genau ins Schwarze getroffen und ruft begeistert aus: „Gott sei Dank! Und dir, heilige Gottesmutter von Kazan, danke, dass du mir geholfen hast!“
Lieber Bär! Wahrscheinlich bist du nicht darüber informiert, aber inzwischen gibt es für Kraftausdrücke und schamlose Reden einen allgemein üblichen Wortschatz mit realistischen, mehr oder minder gelungenen Bezeichnungen. Zum Beispiel werden Flüche „moccoli“ (Kerzenstummel) genannt. Aber Kerzenstummel spenden wenigstens ein bisschen Licht, während Flüche wie stehendes Wasser oder erstickendes Gas sind. „Waschweibergeschwätz“ ist die Bezeichnung für die schamlosen Reden der Frauen. Aber der Ausdruck trifft nur zu, wenn mit „Waschfrau“ auch Studienrätinnen, Studentinnen, Arbeiterinnen, Angestellte, Stenotypistinnen etc. gemeint sind. Von all diesen Leuten sagte man früher: „Sie werden rot, weil sie sich schämen.“ Heutzutage muss man von einigen von ihnen sagen: „Sie schämen sich, weil sie rot werden.“ Man sagt auch: „Er flucht wie ein Türke“, aber das ist eine Verleumdung. Die Türken fluchen nicht. In Frankreich, in Deutschland und in der Schweiz sagt man hingegen mit einer gewissen Berechtigung: „Er flucht wie ein Italiener.“

Welche Diagnose kann man für diese so weitverbreitete Krankheit stellen? Das erste Symptom heißt Oberflächlichkeit. Wer denkt, flucht nicht, und wer flucht, denkt nicht. Dieser Gott, den man lästert, existiert oder existiert nicht. Wenn er nicht existiert, ist es müßig, ihn zu lästern; wenn es ihn gibt, ist es unklug, ihn zu lästern, denn „Eselsgeschrei dringt nicht zum Himmel“. Man kann andere Sünden verstehen (nicht entschuldigen): Der Dieb hat am Ende eine volle Geldbörse; der Trinker eine gute Flasche Wein; aber der, der flucht – was hat der davon? Das zweite Symptom ist der Mangel an Verantwortungsbewusstsein. Außer Gott gibt es nämlich auch den Nächsten! Du, lieber Bär, bist für deine zärtliche Zuneigung gegenüber deinen Jungen bekannt. Kannst du nicht den Vätern sagen: „Wenn du fluchst, machst du deine Frau und dein Töchterchen traurig, gibst deinem Sohn ein schlechtes Beispiel.“

„Ich habe was davon“, wurde mir schon gesagt, „weil ich durch mein Fluchen Protest einlege gegen das, was schiefgeht, weil ich meinen Worten Nachdruck verleihe, weil ich meinem Zorn freien Lauf lassen kann.“ Protest einlegen? Aber bitte nur, wenn es sinnvoll und nützlich ist. Wenn dein Auto nicht anspringen will, setzt es sich vielleicht in Bewegung, sobald du anfängst, dich mit Gott anzulegen? Du willst deinen Worten Nachdruck verleihen? Einverstanden, aber unter der Bedingung, dass du nicht Gott dabei lästerst. „Ach du liebes bisschen“ – „So was Blödes“ und Tausende von ähnlichen Aussprüchen sind harmlos und machen einem doch gleichzeitig Luft. Das bewies ein tüchtiger australischer Pfarrer seinen Bauern: Eines Tages ging er aufs Feld, nahm den Pflug in die Hand, ließ die Peitsche knallen und rief mit Stentorstimme den Ochsen zu: „Auf, meine süßen Erzengelchen! Seid lieb, meine zarten Cherubine! Jetzt seid ihr dran, ihr leuchtenden Seraphine!“

Bei diesen mystisch-himmlischen Anfeuerungen erhoben sich die guten Ochsen langsam und begannen – wenn auch etwas verwundert – zu ziehen. Und der Zorn? Man soll ihn hinunterschlucken und nicht zum Ausbruch kommen lassen. Denn wir müssen unsere Leidenschaften beherrschen und nicht sie uns.

Jeder Diagnose muss eine Therapie folgen. In unserem Fall kann das kleine, nützliche „Heilpflästerchen“ oder der kalte Umschlag die maßvolle und treffende Antwort des „Überlegenen“ sein.

Da war zum Beispiel ein Ordensmann ähnlich deinem heiligen Romedius, der sich im Zugabteil – schmerzlich berührt, ohne sich wehren zu können – die Flüche anhören musste, die zwei nicht gerade sehr wohlerzogene junge Männer um die Wette vom Stapel ließen. Unversehens wandte sich einer im Scherz an ihn und sagte: „Pater, ich muss ihnen etwas Schmerzliches mitteilen: Der Teufel ist tot!" – „O, das tut mir aber leid, mein allerherzlichstes Beileid", erwiderte das Ordensmännlein. „Beileid? Wieso denn das?", fragten die beiden jungen Männer wie aus einem Munde. „Weil ich großes Mitleid mit euch habe, ihr seid doch jetzt Waisen."

Sicher, der Pater war etwas ironisch geworden. Wenn einer flucht, besonders ein Jugendlicher, ist es besser, ihm nicht mit Ironie zu begegnen, sondern sich für ihn zu interessieren, ihm Verständnis entgegenzubringen, ihm Hilfe anzubieten. Je nachdem, ob wir Kameraden, Freunde, Vorgesetzte, Verwandte von ihm sind, schulden wir ihm freundschaftlichen Rat, liebenswürdige „Bewusstseinserweiterung", Tadel, bisweilen auch Strafe – aber alles mit Takt und Feingefühl; entsprechend der Persönlichkeit und der Situation des Einzelnen.

Das eigentliche Heilmittel besteht jedoch darin, dass der andere selbst die schlechte Gewohnheit ablegen will; entschieden und beständig, genau umgekehrt, wie der Gemüsehändler von Trilussa. Wenn ihm auch nur eine Kleinigkeit danebenging, begann er also zu fluchen: Verflucht ... ! Scher dich zum Teufel ... ! Aber eines Tages, während er fluchte, tauchte auf einmal der Teufel auf, packte ihn dort, wo bei den Schreibern die Hosen am meisten abgenützt sind, und als er sich so durch die Lüfte getragen fand, sprach er voller Angst ein Gebet: „Gott! Heiliger Christus! Jungfrau Maria! Ich empfehle mich euch an! Mutter Gottes!“ Der Teufel ließ ihn, das ist wohl klar, bei diesen Worten fallen: Der Gemüsehändler landete auf einem Strohhaufen, ohne sich wehzutun. „Da habe ich ja Glück gehabt“, sagte er im Fallen: „Verflucht! Zum Teufel!“

Lieber Bär des heiligen Romedius! Trilussa scherzte wohl und wollte sagen, dass man gerade das Gegenteil tun sollte: versprechen, nicht mehr zu fluchen und sich ernsthaft daran zu halten. Also, Bär, reiß deinen Rachen auf und brülle es vom Nonstal aus allen Italienern zu – so laut du kannst!

Lieber Pinocchio!

Mit sieben Jahren las ich zum ersten Mal deine „Abenteuer“. Ich kann dir nicht sagen, wie sehr sie mir gefallen und wie oft ich sie verschlungen habe. Ich habe in dir mich selbst als Kind wiedererkannt, in deiner Umgebung die meinige.

Wie oft liefst du im Wald herum, durch die

Felder, über den Strand, auf den Straßen! Der Fuchs, der Kater, der Hund Cedovo und die Helden der Bücherschlacht begleiteten dich. Es schien, als wäre es mein Herumtollen, meine Spielgefährten, die Straßen und die Felder meines Dorfes. Du gingst die angekommenen Kutschen auf dem Dorfplatz bestaunen, genauso wie ich. Du stöhntest, verzogst den Mund, stecktest den Kopf unter die Decke, bevor du den Becher mit der bitteren Medizin nahmst – wie ich. Die Brotschnitte, auf beiden Seiten mit Butter bestrichen, die gefüllte Schokolade, die „Zuckerkugel" und, bei gewissen Gelegenheiten, sogar ein Ei, sogar eine Birne oder auch eine Birnenschale stellten für dich, Naschkätzchen, und immer hungrig, wie du warst, eine wunderbare Welt dar. Genauso war es für mich. Auch ich wurde auf dem Schulweg in „Schlachten" verwickelt: im Winter besonders mit Schneebällen, sonst mit Schlägen und Ähnlichem, das ganze Jahr hindurch. Ein wenig steckte ich ein; ein wenig teilte ich aus – wobei ich versuchte, „Einnahmen" und „Ausgaben" gleich groß zu halten und daheim nicht zu jammern, weil ich dort vielleicht noch eine Zugabe bekommen hätte. Jetzt bist du zurückgekehrt. Du hast nicht mehr aus den Seiten des Buches gesprochen, sondern vom Bildschirm. Doch du bist das gleiche Kind wie früher.

Ich hingegen bin alt geworden und befinde

mich, wenn man so sagen darf, auf der anderen Seite der Barrikade: Nicht mehr in dir finde ich mich wieder, sondern in deinen Ratgebern, wie dem Meister Geppetto, der sprechenden Grille, der Amsel, dem Papagei, dem Glühwürmchen, dem Krebs, dem Murmeltier. Sie haben versucht, auch wenn sie, außer im Fall des Tunfisches, nicht angehört wurden, dir Ratschläge für dein Kinderleben zu geben.

Ich möchte dir welche für dein Leben als Bub und junger Mann geben. Pass aber auf: Versuch ja nicht, den üblichen Hammer nach mir zu werfen! Ich will nicht dasselbe Schicksal wie die arme sprechende Grille erleiden.

Hast du gemerkt, dass ich unter deinen „Ratgebern" die Fee nicht aufgezählt habe? Ihre Methode gefällt mir nicht. Als du von Mördern verfolgt wirst, klopfst du verzweifelt an die Türe ihres Hauses. Sie blickt mit bleichem Wachsgesicht aus dem Fenster, öffnet dir aber nicht und lässt zu, dass man dich aufhängt. Später holt sie dich zwar von der Eiche herunter, spielt dir dann aber einen bösen Streich, als du krank bist: Sie lässt vier tiefschwarze Kaninchen eine kleine Totenbahre in dein Zimmer tragen.

Nicht genug damit: du fliehst wie durch ein Wunder aus der Pfanne des Grünen Fischers und kommst in stockfinsterer Nacht und bei strömendem Regen, starr vor Kälte, vor ihr

Haus. Die Fee lässt dich vor verschlossener Türe stehen, und nachdem du lange verzweifelt geklopft hast, schickt sie dir die Schnecke, die neun Stunden braucht, um vom vierten Stock herunterzukommen. Sie bringt dir, der du vor Hunger halbtot bist, ein Stück Brot aus Gips, ein Hähnchen aus Pappkarton und vier naturgetreu angemalte Aprikosen aus Alabaster.

Nein, so geht man nicht um mit Jungen, die Fehler gemacht haben, besonders, wenn sie in das sogenannte „schwierige“ Alter kommen oder schon drin sind, das von etwa 13 bis 16 Jahren geht und dir, Pinocchio, jetzt bevorsteht.

Du wirst es selbst erleben: Dieses Alter ist „schwierig“ sowohl für dich als auch für deine Erzieher. Du bist kein Kind mehr und verachtest den Umgang, die Lektüre und die Spiele der Kleinen; du bist aber auch noch kein Mann und fühlst dich von den Erwachsenen unverstanden, ja fast zurückgestoßen.

Überwältigt von den Anstrengungen des raschen körperlichen Wachstums scheint es dir plötzlich, kilometerlange Beine zu haben, schlacksige Arme und eine seltsam veränderte, krächzende Stimme.

Übermächtig spürst du den Drang, dein Ich zu bestätigen: Auf der einen Seite wirst du zur familiären und zur schulischen Umgebung in Gegensatz geraten; auf der anderen Seite läufst du mit fliegenden Fahnen in die Gemeinschaft von Cliquen. Einerseits verlangst du nach Unabhängigkeit von der Familie; andererseits sehnst du dich danach, von den Gleichaltrigen angenommen und abhängig zu sein. Du hast Angst, dich von den anderen zu unterscheiden!

Wo deine Clique hingeht, dort willst du auch hin. Wo deine Clique bleibt, da willst auch du bleiben. Die Späße, die Redensarten, die Hobbys der anderen machst du zu den deinen. So, wie sie sich kleiden, kleidest du dich: einen Monat lang laufen die Jungen mit Pullover und Blue Jeans herum; einen Monat später tragen sie Lederjacken, bunte Hosen, weiße Schnürsenkel in schwarzen Schuhen. Ihr lehnt es ab, euch an gewisse Dinge anzupassen, bei anderen seid ihr, ohne es zu merken, völlige Konformisten.

Auch die Laune ist sehr wechselhaft! Heute fröhlich und sanft, wie du mit 10 Jahren warst; morgen mürrisch wie ein 60-jähriger Griesgram. Heute willst du Flieger werden; morgen bist du entschlossen, als Schauspieler dein Geld zu verdienen. Heute draufgängerisch und unbefangen, morgen schüchtern und fast voll ängstlicher Unruhe. Wie viel Geduld und Nachsicht, wie viel Liebe und Verständnis wird Meister Geppetto für dich aufbringen müssen!

Mehr noch: Du wirst dich selbst beobachten, die Welt in deinem Inneren betrachten und viele neue Dinge entdecken: Du wirst melancholisch werden, mit offenen Augen träumen, dein Gemüt wird wach, aber auch die Sentimentalität. Und es kann sein, dass du dich schon mit 14 Jahren „verknallst“, nicht wie es einem Ministranten passiert, sondern wie zum Beispiel dem jungen David Copperfield, der erzählt:
„Ich verehre Miss Shepard. Sie ist ein Mädchen mit einer kurzen Jacke, einem runden Gesicht und gekräuseltem Haar. In der Kirche schweifen meine Augen immer vom Gebetbuch zu Miss Shephard. Für mich gehört Miss Shephard zur königlichen Familie. In meinem Zimmer spüre ich oftmals den Drang, ihren Namen auszurufen! Ich möchte wissen, warum ich Miss Shephard heimlich zwölf Erdnüsse schenke. Sie sind kein Symbol der Zuneigung ... trotzdem spüre ich, dass sie zu Miss Shephard passen. Ebenso lasse ich ihr Kekse zukommen, obwohl sie schon zerbröselt und geschmacklos sind; dazu noch ungezählte Orangen ... Miss Shephard ist die einzige Erscheinung, die mein Leben durchdringt. Warum aber dauert es nur wenige Wochen, bis ich mit ihr breche? Man tuschelt, sie bevorzugt den jungen Jones ... Eines Tages verzieht Miss Shephard den Mund, als sie an mir vorüber-

geht, und kichert mit ihrer Freundin. Alles ist aus! Die Verehrung eines ganzen Lebens ist vorbei. Miss Shephard verschwindet aus den kirchlichen Funktionen des Sonntagvormittags, und die königliche Familie versagt ihr die Anerkennung!“

Das ist dem Copperfield passiert und passiert einem jeden. Es wird auch dir passieren, Pinocchio!

Wie werden dir deine „Ratgeber“ beistehen?

Was das „Wachstumsproblem“ betrifft, so müsste deine neue sprechende Grille wie der alte Vittorino de Feltre sein. Der war ein Pädagoge, der die Jungen deines Alters besonders gerngehabt hat und bei ihrer Erziehung enormen Wert auf Übungen im Freien legte. Reiten, Schwimmen, Hochsprung, Fechten, Jagen, Fischen, Laufen, Bogenschießen, Singen. Er wollte durch diese Mittel eine gelöste Atmosphäre für sein „Heiteres Haus“ schaffen und so den Kräfteüberschuss seiner jungen Schüler in nützliche Bahnen lenken. Gern hätte er das gesagt, was später Parini meinte: „Was vollbringt nicht alles eine feurige Seele, wenn in kräftigen Gliedern das Leben pulst?“

Dein Freund, der Thunfisch, der dich auf seinem Rücken gesund und unversehrt ans Ufer gebracht hat nach der Rettung aus dem Bauch des Haies, könnte dir helfen – gelas-

sen und überzeugend, wie er ist – im oben erwähnten Kampf um die Selbstbestätigung.
Der Traum von euch Jugendlichen ist heutzutage nicht nur das Auto: Ihr träumt von einem ganzen Parkplatz von „Autos“: autoscelta (Selbstwahl), autodecisione (Selbstbestimmung), autogoverno (Selbstverwaltung), Autonomie (Selbständigkeit). Neulich haben Jugendliche in Bozen sogar eine „autoscuola“ versucht, das heißt eine von ihnen selbst geführte Schule. Es ist gerechtfertigt – würde der Thunfisch in seiner Besonnenheit sagen –, zur Selbstbestimmung zu gelangen. Aber langsam, Schritt für Schritt. Man kann nicht von heute auf morgen vom völligen Gehorchen eines Kindes übergehen zur vollen Selbständigkeit des Erwachsenen. Auch kann man heute nicht überall dieselben harten Methoden anwenden wie früher. Je älter du wirst, desto stärker wird in dir, Pinocchio, der Wunsch nach Selbständigkeit. Das ist gut so, lass nur in dir – vielleicht helfen dir tüchtige Erzieher dabei – das volle Bewusstsein deiner Rechte und Pflichten wachsen; auch das Verantwortungsgefühl, damit du die ersehnte Selbständigkeit gut nutzen kannst, muss wachsen.
Höre, wie vor einem Jahrhundert die beiden Brüder Visconti-Venosta erzogen wurden. Der eine, Giovanni, wurde Schriftsteller, der ande-

re, Emilio, Politiker im Kampf um die italienische Einheit: „Einer der Erziehungsgrundsätze meines Vaters war, so viel Zeit wie nur möglich mit uns Söhnen zu verbringen. Er forderte von uns unbegrenztes Vertrauen und erwiderte es, soweit er konnte. Außerdem behandelte er uns immer so, als ob wir schon etwas älter wären. Das gab uns Verantwortungs- und Pflichtgefühl. Wir wurden als kleine Erwachsene behandelt, und das schmeichelte uns sehr; deshalb strengten wir uns gewaltig an, dieses Niveau zu halten."

Auf dem Weg zur Selbständigkeit wirst du, lieber Pinocchio, wie fast alle Jugendlichen zwischen 17 und 20 Jahren, vielleicht auf ein hartes Riff stoßen: das Problem des Glaubens. Es werden dir in der Schule, in der Fabrik, im Kino usw. Einwände gegen die Religion begegnen. Wenn dein Glaube ein Berg von gutem Getreide ist, wird sich ein Heer von Mäusen darauf stürzen. Wenn er ein Anzug ist, werden hundert Hände versuchen, ihn dir auszuziehen. Wenn er ein Haus ist, wird es die Spitzhacke Stück für Stück abreißen wollen. Du wirst dich verteidigen müssen: Heute behältst du vom Glauben nur das, was du verteidigst.

Auf viele Einwände gibt es eine überzeugende Antwort. Auf andere hat man noch keine ausreichende Antwort gefunden. Was also tun?

Wirf den Glauben nicht weg! „Zehntausend Schwierigkeiten“, sagte Newman, „bilden noch keinen Zweifel.“ Und dann denk an zwei Dinge:

Erstens: Man muss vor jeder Gewissheit Achtung haben, auch wenn es nicht die mathematisch abgesicherte Gewissheit ist. Dass Napoleon, Cäsar, Karl der Große gelebt haben, ist nicht so gewiss wie 2+2=4. Aber es ist von einer menschlichen, geschichtlichen Gewissheit. Auf die gleiche Weise ist es gewiss, dass Christus gelebt hat, dass die Apostel sahen, dass er starb und dass er auferstand.

Zweitens: Dem Menschen wohnt ein Sinn für das Geheimnis inne. Pascal sagte: „Von nichts wissen wir alles.“ Ich weiß viel über mich, aber nicht alles; ich weiß nicht genau, was mein Leben eigentlich ist, meine Intelligenz, der Grad meiner Gesundheit usw. Wie kann ich da verlangen, alles von Gott zu verstehen und zu wissen!

Am häufigsten wirst du Einwände gegen die Kirche vernehmen. Vielleicht kann dir eine Episode helfen, die Pitigilli erzählt. Im Hyde Park in London spricht ein Prediger unter freiem Himmel, wird aber immer wieder von einem schmutzigen und unfrisierten Kerl unterbrochen. „Seit 2000 Jahren gibt es die Kirche“, schimpft der Kerl los, „und die Welt ist noch immer voll von Dieben, Ehebrechern und Mördern!“

„Ihr habt recht“, gab ihm der Prediger zur Antwort, „seit zwei Millionen von Jahrhunderten gibt es das Wasser auf der Erde, und schauen Sie, in welchem Zustand sich Ihr Kragen befindet!“ Anders gesagt: Es hat schlechte Päpste gegeben, schlechte Priester, schlechte Katholiken. Aber was bedeutet das? Dass das Evangelium gelebt wurde? Nein, im Gegenteil, in ebendiesen Fällen ist das Evangelium *nicht* gelebt worden!

Mein lieber Pinocchio, über die Jugendlichen gibt es zwei ganz berühmte Aussprüche. Den ersten, von Lacordaire, lege ich dir ans Herz: „Habt eine Meinung und setzt sie durch!“ Der andere ist von Clemenceau und überhaupt nicht empfehlenswert: „Er hat keine Ideen, dafür verteidigt er sie glühend!“ Darf ich auf David Copperfield zurückkommen? Die Erinnerung an Miss Shephard liegt einige Jahre zurück, und er, inzwischen 17 Jahre alt, verliebt sich wieder neu; dieses Mal verehrt er das Fräulein Lavkins. Er ist glücklich, auch wenn er sie nur einmal am Tag mit einer Verneigung grüßen darf. Er zieht die besten Kleider an und lässt sich andauernd die Schuhe putzen. Er träumt: „Ach, wenn morgen früh der Vater Lavkins käme und mir sagen würde: ‚Meine Tochter hat mir alles erzählt. Hier sind zwanzigtausend Sterling. Seid glücklich!‘“ Er träumt, dass seine Tante

weich wird und diese Ehe segnet. Aber während er träumt, heiratet die Lavkins einen Hopfenbauern.
David ist für zwei Wochen am Boden zerstört: Er nimmt den Ring vom Finger, zieht die schlechtesten Kleider an, verwendet keine Haarcreme mehr, lässt die Schuhe nicht mehr putzen! Später trifft ihn der Blitz, als er Dora begegnet: „Sie war ein übernatürliches Wesen für mich. Eine Fee ... ich weiß nicht, was sie war ... all das, was niemand je gesehen hat ... In einem einzigen Augenblick war ich von einem Abgrund der Liebe verschlungen ... kopfüber hinabgestürzt, ehe ich ihr auch nur ein Wort hätte sagen können!"
Du verstehst, was ich meine: Probleme der Liebe und der Freundschaft, auf die auch du dich vorbereiten musst, lieber Pinocchio.
Auf diesem Gebiet gibt es Leute, die heutzutage eine extrem freizügige Moral vorschlagen. Man muss zugeben, dass man in der Vergangenheit in einigen Punkten zu engherzig war, trotzdem dürfen die Jugendlichen diese freizügige Moral nicht annehmen. Ihre Liebe muss großgeschrieben werden, schön wie eine Blume, wertvoll wie ein Edelstein und nicht gemein wie ein billiges Stück Glas. Es zahlt sich aus, Opfer zu bringen und von Personen, Plätzen und Vergnügungen fernzubleiben, die zum Schlechten verführen kön-

nen. „Habt ihr denn kein Vertrauen zu mir?“, fragst du jetzt. – „Sicher haben wir Vertrauen, es bedeutet doch kein Misstrauen, wenn man daran erinnert, dass jeder von uns Versuchungen ausgesetzt ist; die Liebe will dir wenigstens die unnötigen Versuchungen aus dem Weg räumen!
Denk an die Autofahrer: Sie begegnen der Polizei, sie stoßen auf Ampeln, Straßenmarkierungen, Einbahnstraßen, Halteverbotsschilder, alles lästig scheinende Dinge, die auf den ersten Blick den Eindruck erwecken, zum Nachteil des Autofahrers zu sein. Dabei sind sie nur zu seinem Vorteil, weil sie ihm helfen, sicherer und angenehmer zu fahren!“
Wenn du eines Tages eine Verlobte haben solltest, ob sie nun Shephard, Lavkins oder Dora heißt, dann achte sie! Verteidige sie gegen dich selbst! Du verlangst, dass sie rein bleibt für dich, das ist richtig; aber du musst das Gleiche für sie tun. Höre nicht auf gewisse Freunde, die sich ihrer „Heldentaten“ rühmen und sich wegen ihrer Frauenabenteuer interessant vorkommen. Interessant und stark ist der Mann, der sich selbst erobert hat und zu der Jugend gehören will, die sich in der Hand hat. Solange man verlobt ist, muss die Liebe vor allem in ihrer geistigen Dimension vertieft werden, was sich sehr wohl auch durch Zärtlichkeiten ausdrücken kann, aber verantwortungsvoll,

ohne die Würde zu verletzen. Dieselben Ratschläge gelten auch für die andere Seite, vorausgesetzt, dass sie eine „Predigt" aushält. „Liebe Dora, Shephard, Lavkins" (oder wer es auch sei), sagt ihre Mutter zu ihr, „ich möchte dich an ein biologisches Gesetz erinnern. Normalerweise hat das Mädchen auf dem sexuellen Gebiet eine größere Selbstbeherrschung als der Junge. Wenn der Mann körperlich stärker ist, so ist es die Frau geistig: Es scheint sogar, dass Gott das Gutsein des Mannes von dem der Frau abhängig sein lässt. Morgen wird auch von dir die Haltung des Mannes und der Kinder abhängen; heute ist es die deiner Freundinnen und deines Freundes. Deshalb musst du gesunden Menschenverstand für zwei haben und fähig sein, bei gewissen Dingen nein zu sagen, auch wenn scheinbar alles einlädt, ja zu sagen. Dein Freund – wenn er ein anständiger Kerl ist – wird dir in seinen besten Stunden dankbar sein und sich eingestehen: ‚Meine Dora hat recht gehabt; sie hat ein Gewissen und handelt danach: Auch in Zukunft wird sie mir treu sein!' Eine leichtsinnige Verlobte gibt diese Garantie nicht. Sie geht das Risiko ein, von Anfang an, durch eine zu gedankenlose Bereitschaft, eine gefährliche Basis zu legen, aus der später bei ihrem Mann Eifersucht und Misstrauen entstehen können." Damit höre ich auf, Pinocchio, sag aber jetzt nicht, es sei fehl am Platz gewesen, von Dora zu sprechen. Als Kind hast du die Fee neben dir gehabt, meist als Schwester, dann als Mutter. Als junger Mann kannst du keine andere Fee neben dir haben als eine Freundin oder Braut. Außer, du gehst ins Kloster! Aber dazu scheinst du mir nicht berufen!

Lieber Mark Twain!

Du warst einer der Lieblingsautoren meiner Jugendzeit. Noch heute erinnere ich mich an „Tom Sawyers Abenteuer", diese lustige Schilderung deiner eigenen Jugendstreiche. Wie oft habe ich eine von deinen Geschichten erzählt, lieber Twain. Zum Beispiel die über den Wert der Bücher. Bücher haben einen unschätzbaren, aber sehr unterschiedlichen Wert, gabst du einmal einem Mädchen zur Antwort. Ein Buch, in Leder gebunden, eignet sich vorzüglich zum Schleifen des Rasiermessers. Ein dünnes, kurz gefasstes Buch, wie die Franzosen das können, wirkt Wunder bei einem zu kurzen Tischbein. Ein dickes Buch, ein Wörterbuch zum Beispiel, eignet sich gut als Wurfgeschoß, um Katzen zu verjagen. Ein Atlas schließlich, mit seinen großen Blättern, eignet sich am besten, um Fenster damit zu verkleben. Meine Schüler waren nicht mehr zu bremsen, wenn ich ihnen versprach, einen

neuen Streich von Mark Twain zu erzählen. Aber in meiner Diözese wird es einen Skandal geben: „Ein Bischof, der Mark Twain zitiert!“ Vielleicht muss ich den lieben Leuten dort zuvor etwas erklären: So verschieden Bücher sind, so verschieden sind auch Bischöfe. Einige, Adlern gleich, schwingen sich mit Hirtenbriefen von hohem Niveau durch die Lüfte. Andere singen wie Nachtigallen mit wunderbarer Stimme das Lob des Herrn. Wieder andere gleichen den armen Zaunkönigen, die auf dem äußersten Zweig des Baumes der Kirche sitzen und piepsend zu unerschöpflichen Themen kärgliche Gedanken von sich geben.
Ich, lieber Twain, gehöre zu den Letzteren. So brauche ich nichts zu fürchten, wenn ich deine Erkenntnis weitergebe: „Der Mensch ist viel komplexer, als es scheint. Jeder erwachsene Mensch birgt nämlich in seinem Inneren nicht eine, sondern gleich drei verschiedene Naturen.“ – „Wieso denn?“, fragte man dich. „Nehmt einen x-beliebigen Herrn Müller. In ihm lebt Müller I., nämlich der, für den er sich selbst hält; dann Müller II., der, den die anderen in ihm sehen; und schließlich Müller III., der, der er wirklich ist.“
Wie sehr trifft doch dein Scherz den Nagel auf den Kopf. Nehmen wir Müller I. Wenn man uns ein Gruppenfoto zeigt, welches sympathische, anziehende Gesicht suchen wir uns aus?

Das unsrige, nicht wahr? Wir sind uns selbst die Liebsten, lieber noch als alle anderen. Deshalb geschieht es nur zu oft, dass wir unsere Verdienste vergrößern und unsere Fehler verkleinern. Den anderen gegenüber gebrauchen wir andere Gewichte und andere Maße. Die Verdienste vergrößern? Das beschreibt dein Kollege Trilussa:

„Die kleine Schnecke Eitelkeit
kroch über einen Obelisk.
Sie sieht den Schleim: Ah, ich versteh:
In der Geschichte lass ich eine Spur!"

Siehst du, so sind wir, lieber Twain. Ein wenig Schleim genügt, Hauptsache, er stammt von uns, und schon wandeln wir mit stolzgeschwellter Brust einher. Unsere Fehler verkleinern? „Ich bin hie und da einem guten Tropfen nicht abgeneigt", meint einer. Aber die anderen sagen, dass er immer eine trockene Kehle hat und über den Durst trinkt. Sie meint: „Ich bin ein wenig nervös, manchmal rege ich mich etwas auf." Die Leute aber sagen, sie sei unleidlich, zornig und rachsüchtig, ein unmögliches Frauenzimmer, ein zänkisches Weib.
Bei Homer zogen die Götter durch die Welt, in einer Wolke verhüllt, die sie vor den Augen der Menschen verbarg. Wir hingegen ha-

ben eine Wolke, die uns vor den eigenen Blicken verborgen hält. Franz von Sales, Bischof wie ich und Humorist wie du, schrieb: „Den Nächsten klagen wir wegen Kleinigkeiten an, doch für uns selbst haben wir auch bei großen Dingen Entschuldigungen bereit. Wir wollen mit hohem Gewinn verkaufen und drücken beim Einkauf die Preise. In den Häusern der anderen soll Gerechtigkeit, bei uns Barmherzigkeit regieren. Die anderen müssen etwas aushalten können, wir leisten uns Empfindlichkeit. Einen Fehler kann ein Untergebener bei uns schwer wiedergutmachen; wenn uns hingegen jemand sympathisch ist, verzeihen wir ihm alles. Unsere Rechte setzen wir entschlossen durch, die anderen sollen etwas diskreter sein. Etwas für die anderen tun, halten wir für Heldentum, ihre Hilfe erscheint uns selbstverständlich."
So weit zu Müller I. Wenden wir uns jetzt Müller II. zu. Hier, lieber Twain, glaube ich, muss man zwei Fälle unterscheiden: Herr Müller wünscht, dass man ihn achtet, oder er ist betrübt, wenn man ihn ignoriert und verachtet. Das ist an sich normal, wenn man weder das eine noch das andere übertreibt. „Wehe euch", hat Jesus gesagt, „die ihr in den Synagogen die besten Plätze einnehmt und auf Verbeugungen Wert legt ...; all eure Werke tut ihr, um gesehen zu werden." Heute würde man sagen:

Wehe euch, die ihr Posten und Auszeichnungen nachlauft, erworben mit den Ellbogen und mit faulen Kompromissen; weh euch, die ihr unbedingt in der Zeitung stehen wollt. Warum dieses „Wehe euch“? Als Hitler 1938 nach Florenz kam, war die Stadt mit Hakenkreuzen und Transparenten übersät. Bargellini sagte zu Della Costa: „Sehen Sie, Eminenz? Sehen Sie?“ – „Keine Angst“, erwiderte der Kardinal, „der Lauf der Dinge ist schon in Psalm 37 vorgezeichnet: ‚Ich sah einen Frevler, bereit zu Gewalttat, er reckte sich hoch wie eine grünende Zeder. Wieder ging ich vorüber, und er war nicht mehr da; ich suchte ihn, doch er war nicht zu finden.‘“

Manchmal bringt uns das „Wehe euch“ keine göttliche Strafe, sondern eine menschliche Blamage. Es kann uns gehen wie dem Esel, der sich ein Löwenfell umhängte. Alle riefen: „Ein Löwe!“ und Menschen und Tiere flohen. Da kam der Wind, hob das Fell empor, und alle sahen den Esel. Voll Wut kamen sie angerannt und verpassten ihm ein gerütteltes Maß Prügel. Das meinte auch Shaw mit dem Wort: „Wie komisch ist die Wahrheit!“ Das soll heißen: Es ist zum Lachen, wenn man sieht, wie wenig hinter manchen Titeln und Berühmtheiten steckt. Und wenn das Gegenteil eintritt? Wenn die Leute Schlechtes vermuten, wo Gutes ist? Da hilft uns ein anderes Wort Jesu:

„Johannes kam, er aß und trank nicht, und die Menschen sagten: Er hat den Teufel im Leib. Der Menschensohn ist gekommen, er isst und trinkt, und sie sagen, er sei ein Fresser und Säufer, ein Freund der Zöllner und Sünder." Nicht einmal Christus ist es gelungen, alle zufriedenzustellen. Tragen wir nicht zu schwer daran, wenn es uns nicht gelingt.
Müller III. war Koch. Diesmal nicht in deiner Geschichte, lieber Twain, sondern bei Tolstoi. Vor der Küchentüre lagen die Hunde. Müller III. tötete ein Kalb und warf die Eingeweide in den Hof. Die Hunde fraßen sie und sagten: „Er ist ein tüchtiger Koch." Einige Tage danach löste Müller Erbsen aus und schälte Zwiebeln; wieder warf er die Abfälle in den Hof. Die Hunde stürzten sich darauf, rümpften aber bald die Schnauze und stellten fest: „Er ist ein schlechter Koch." Müller III. kümmerte sich aber nicht um dieses Urteil, sondern sagte: „Meinem Herrn muss das Essen schmecken, nicht den Hunden. Hauptsache, wenn mein Herr mit mir zufrieden ist." Gut, dieser Tolstoi! Aber ich frage mich nun: „Was für einen Geschmack hat mein Herr? Was gefällt ihm an uns?" Eines Tages, während er predigte, sagte ihm einer: „Deine Mutter und deine Brüder stehen draußen und wollen dich sprechen." Jesus aber streckte die Hand aus, zeigte auf seine Jünger und antwortete: „Hier

sind meine Mutter und meine Brüder. Jeder, der den Willen meines Vaters im Himmel tut, ist mir Bruder, Schwester und Mutter."

Das ist also der Mensch, der ihm gefällt: der den Willen des Vaters tut. Es gefällt ihm, wenn man zu ihm betet; aber es missfällt ihm sehr, wenn die Gebete ein Vorwand sind, um sich vor der Last der Arbeit zu drücken. „Warum nennt ihr mich Herr und tut nicht, was ich euch sage?"

Das könnte jetzt wie ein moralischer Zeigefinger aussehen. Du – durch und durch Humorist – hättest das sicher nicht gesagt, aber ich sage es, weil ich Bischof bin und meinen Gläubigen den Rat gebe: Sollte es vorkommen, dass ihr an die drei Müller, die drei Maier oder die drei Schmidt denkt, die in jedem von uns stecken, dann behaltet jeweils das dritte Gesicht im Auge: das nämlich, das Gott gefällt!

Albino Luciani – Johannes Paul I.

Eine kurze Biografie mit Bildern

Johannes Paul I. wurde am 17. Oktober 1912 als Albino Luciani in Forno di Canale geboren. Er stammte aus armen Verhältnissen und trat 1923 in das Knabenseminar in Feltre ein. Nach dem Besuch des Priesterseminars von 1928 bis 1935 empfing er am 7. Juli 1935 die Priesterweihe.

Er war zunächst in seinem Heimatort, dann als Vizedirektor des „Gregoriano" mit dem Lehrauftrag Theologie tätig. Nach seiner Promotion wirkte er u. a. als Direktor des katechetischen Büros und Pro-Generalvikar. Er veröffentlichte einige Bücher zur Katechese und schrieb imaginäre Briefe an besondere Persönlichkeiten – von Pinocchio bis Jesus.

Am 27. Dezember 1958 wurde er von Papst Johannes XXIII. zum Bischof von Vittorio Veneto geweiht.

Papst Paul VI. ernannte ihn am 15. Dezember 1969 zum Patriarchen von Venedig.

In einem eintägigen Konklave mit 111 Kardinälen traf Alberto Luciani am 26. August 1978 im vierten Wahlgang die Ernennung zum

Papst. Er nannte sich nach seinen Vorgängern Johannes XXIII. und Paul VI. Johannes Paul I. Er war der erste Papst mit einem Doppelnamen.
Zum Abschluss des Konklaves feierte Johannes Paul I. in der Sixtinischen Kapelle eine Messe und bekräftigte die Notwendigkeit der weiteren Verwirklichung des Konzils, der Ökumene und des Dialogs mit der ganzen Welt.
Als Papst der Neuzeit verzichtete er auf eine prunkvolle Krönung und schaffte bestimmte Privilegien ab, so die Sänfte Sedia gastatoria und das „Wir" als personelle Äußerung. Als lächelnder Papst gewann er bald das Vertrauen der Christen. Er hob die Distanz des hohen Amtes zugunsten einer größeren Nähe zu den Menschen auf. Da sein Pontifikat nur 33 Tage dauerte, hatte Johannes Paul I. nicht die Zeit, ein Regierungsprogramm auszuarbeiten oder Enzykliken zu veröffentlichen. Doch gewann er ein von seinen Vorgängern unabhängiges Profil.
Am 30. August 1978 empfing er die noch in Rom anwesenden Kardinäle zu einer ersten Audienz und bat sie um „brüderliche und beharrliche Zusammenarbeit".
Am 3. September 1978 empfing er rund 5000 Pilger aus seiner norditalienischen Heimat. Am Nachmittag wurde offiziell in sein Amt

als oberster Hirte der katholischen Kirche eingeführt. Mehr als 200 000 Menschen nahmen an der Feier auf dem Petersplatz teil. In seiner Predigt rief der Papst alle Völker dazu auf, „ein Klima der Gerechtigkeit, der Brüderlichkeit, der Solidarität und der Hoffnung zu schaffen, ohne das die Welt nicht leben kann“.
Am 6. September hielt der Papst vor rund 15 000 Pilgern aus aller Welt seine erste Generalaudienz.
Zum 85. Deutschen Katholikentag richtete der Papst am 8. September eine Botschaft an den Erzbischof von Freiburg und grüßt alle Gäste der Bischofsstadt.
Am 23. September trat er offiziell sein Amt als Bischof von Rom an.
Papst Johannes Paul I. starb in der Nacht vom 28. zum 29. September 1978.

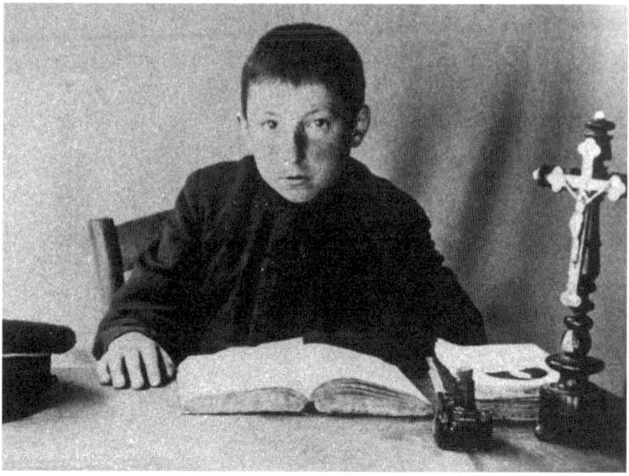

Albino Luciani als Seminarschüler.

Kardinal Luciani (Bildmitte) mit seinem Bruder Eduardo, seiner Schwägerin Antonietta Marinelli und ihren zehn Kindern.

Papst Paul VI. und Erzischof Albino Luciani
im September 1972 in Venedig.